高等职业教育工学结合系列教材·汽车类

汽车电工电子

主　编　李　明　曹　秘
副主编　滕　飞　李　旭
主　审　孔春花

汽车电工电子
图书总码

北京理工大学出版社
BEIJING INSTITUTE OF TECHNOLOGY PRESS

内 容 简 介

本书以汽车技术应用为主线，遵循必需够用的原则，精选汽车应用实例，理论联系实际，注重汽车基本电路分析能力的培养。教材紧紧围绕汽车电器、电控系统所需的相关基础理论知识和电路性能检测方法以及"1+X"证书制度要求，内容包括直流电路的检测、交流电路的检测、模拟电路的检测和数字电路的检测。

本书可作为高等院校、高职院校汽车专业的教材，也可供从事汽车维修和管理工作的技术人员参考。

版权专有　侵权必究

图书在版编目（CIP）数据

汽车电工电子 / 李明，曹秘主编. -- 北京：北京理工大学出版社，2021.10（2022.7 重印）

ISBN 978-7-5763-0545-6

Ⅰ.①汽⋯　Ⅱ.①李⋯②曹⋯　Ⅲ.①汽车-电工②汽车-电子技术　Ⅳ.①U463.6

中国版本图书馆 CIP 数据核字（2021）第 217310 号

出版发行 /	北京理工大学出版社有限责任公司
社　　址 /	北京市海淀区中关村南大街 5 号
邮　　编 /	100081
电　　话 /	（010）68914775（总编室）
	（010）82562903（教材售后服务热线）
	（010）68944723（其他图书服务热线）
网　　址 /	http：//www.bitpress.com.cn
经　　销 /	全国各地新华书店
印　　刷 /	涿州市新华印刷有限公司
开　　本 /	787 毫米×1092 毫米　1/16
印　　张 /	11
字　　数 /	253 千字
版　　次 /	2021 年 10 月第 1 版　2022 年 7 月第 2 次印刷
定　　价 /	34.00 元

责任编辑 / 张鑫星
文案编辑 / 张鑫星
责任校对 / 周瑞红
责任印制 / 李志强

图书出现印装质量问题，请拨打售后服务热线，本社负责调换

前　言

随着新能源汽车和智能网联汽车的发展，电子技术在汽车上得到了更广泛应用，汽车的性能也越来越趋于信息化、智能化，无人驾驶已成为汽车的新技术路线，因此，对"汽车电工电子"这门专业基础课程知识和技能的学习提出新的要求。教材紧紧围绕汽车电器、电控系统所需的相关基础理论知识和电路性能检测方法以及"1+X"证书制度要求，从电工技术和电子技术两个方面，用4个项目、16个任务诠释了电工电子技术在现代汽车电器和电子控制系统中的应用。为了教学更加方便，每个任务后增加了"复习与思考题""知识技能拓展"和"课程思政"内容，每个项目后增加了"知识点小结"模块，配了二维码，扫码可观看动画和视频以及思政内容，并配套了电子课件。

参与本书编写的有：李明（项目四、项目三任务3.2），曹秘（项目一、项目二任务2.3），滕飞（项目二任务2.1和2.2），刘锐（项目三任务3.1、项目二任务2.4），曲英凯（项目三任务3.4），李虹（项目三任务3.3）。全书由李明、曹秘担任主编，滕飞、李旭担任副主编，孔春花担任主审。

本书在编写过程中引用了一些国内外文献资料，扩展和充实了本书内容。在此，对上述文献资料作者表示感谢。同时感谢吉林省吉刚汽车贸易有限公司徐兆宽、长春高飞汽车维修服务有限公司孙明亮、长春通立奥迪4S店乔伟、长春辰宇雷克萨斯汽车销售服务有限公司付国龙等在零件实物拍照和检测诊断方面的大力支持。

限于编者经历和水平，教材内容难免有不当之处，恳切希望使用本书的广大师生和读者提出修改意见。

编　者

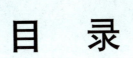

目 录

项目一　直流电路的检测 ··· 1
　任务 1.1　直流电路基本物理量的检测 ······································· 1
　任务 1.2　电路基本元件的检测 ··· 9
　任务 1.3　直流照明电路的检测 ·· 18
　任务 1.4　直流电动机电路的检测 ·· 24

项目二　交流电路的检测 ·· 32
　任务 2.1　正弦交流电路基本物理量的检测 ································ 32
　任务 2.2　电路基本元件交流性能的检测 ·································· 41
　任务 2.3　单相交流用电电路的检测 ······································· 51
　任务 2.4　三相交流用电电路的检测 ······································· 60

项目三　模拟电路的检测 ·· 72
　任务 3.1　直流稳压电路性能检测 ·· 72
　任务 3.2　模拟电路基本元件的检测 ······································· 84
　任务 3.3　音频信号放大电路的检测 ······································· 94
　任务 3.4　光控报警电路的检测 ·· 106

项目四　数字电路的检测 ··· 117
　任务 4.1　汽车防盗控制电路的检测 ······································ 117
　任务 4.2　七段显示译码器电路的检测 ··································· 130
　任务 4.3　三人抢答器电路的检测 ·· 140
　任务 4.4　电池充电电路的检测 ·· 151
　参考文献 ·· 165

目 录

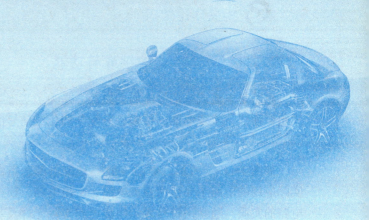

项目一　直流电路的检测

项目引入

采用直流电源供电的电路称为直流电路。传统汽车电器和电控系统多采用直流供电电路，新能源汽车的主流驱动电动机主要是交流电动机和直流电动机。在汽车电器和电控系统开发、设计、使用维护及保养维修时，需要对直流电路进行检测。因此，应了解直流电路的组成、基本定律，掌握直流电路基本物理量、基本元件性能以及照明电路、电动机工作电路的相关理论知识和检测方法。

本项目依据典型的职业工作内容和"1+X"证书制度要求，设计4个教学任务，将相关知识和技能融入各个任务中，培养学生直流电路的分析能力以及线路连接、检测仪器仪表使用能力、信息资料查询能力和创新能力。

任务1.1　直流电路基本物理量的检测

任务引入

在直流电路检查时，需要检测直流电路中电流、电压、电位和电源电动势等基本物理量。因此，应了解直流电路基本物理量相关理论知识和检测方法。

大国工匠　案例一

相关理论知识

1.1.1 基本电路的组成与功能

电路是电流或电信号流通的路径,是为了实现某种功能由电工设备或电路元件按一定方式组合而成,实现电能的传输、分配与转化或信号的产生、存储、处理。

1. 电路的组成

如图1-1-1所示,电路一般都是由电源、负载、连接导线和辅助设备四大部分组成。实际应用的电路主要包括直流电路、交流电路、模拟电路和数字电路,因此,为了便于分析电路的实质,通常用符号表示组成电路实际元件及其连接,即画成电路图。其中连接导线和辅助设备合称为中间环节。

图1-1-1 电路的组成

(1)电源:提供电能的设备。电源的功能是把非电能转变成电能。
(2)负载:在电路中使用电能的各种设备统称为负载。负载的功能是把电能转化为其他形式能。例如,电炉把电能转化为热能;电动机把电能转化为机械能,等等。通常使用的照明器具、家用电器、机床等都可称为负载。
(3)中间环节:包括电力系统的电能传输、分配和转化等以及电子系统的信号产生、存储、处理等。

2. 电路的功能

电路通过电能的传输、分配与转化以及信号的产生、存储与处理,最终实现不同能量的传递和转化。

1.1.2 电路中的基本物理量

直流电(Direct Current,DC),是指电流流向和大小始终不变的电流。直流电路是由直流电源和电阻构成的闭合导电回路。在弱电直流电路中,最常用到的电压是24 V DC,其他的还有12 V DC、5 V DC等。直流电路中的基本物理量包括电流、电源电动势、电压、电位、电功和电功率。

1. 电流

电流就是电子流,即导体中的自由电子在电场力的作用下做有规则的定向运动就形成了电流。电源的电动势形成了电压,继而产生了电场力,在电场力的作用下,处于电场内的电子发生定向移动,形成了电流。电流通常用字母 I 表示。

1）电流强度

电流的大小用电流强度表示。单位时间（t）内通过电路导体任一横截面的电荷量（q）叫作电流强度，简称电流，记作：$I=\dfrac{q}{t}$。

2）电流的单位

电流的单位是安［培］(A)，常用单位还有千安（kA）、毫安（mA）和微安（μA）等，它们的换算关系为千进位（10^3）。

3）电流的方向

电流不仅有大小，而且有方向。电流方向是在没有发现电子以前定义的，科学家们曾经认为电流是正电荷从电源的正极经导线流向负极的，如图 1-1-2（a）所示。现在，人们已经知道金属导体中的电流是由带负电的电子的移动产生的，它们是从电源的负极经导线流向正极，电子的移动方向与电流的方向正好相反。如图 1-1-2（b）所示，在金属导体中，大量带负电荷的自由电子在外电场作用下，逆着电场方向运动形成电流。

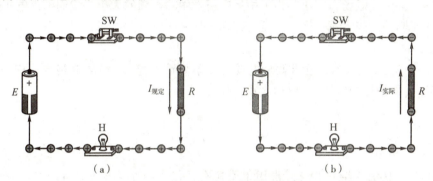

图 1-1-2　直流电路中的电流方向

（a）规定电流方向；（b）实际电流方向

2. 电源电动势

电源电动势是表示电源特征的一个物理量，电源中非静电力对电荷做功的能力，称为电动势。电源持续不断地把正电荷从电源的负极（低电位处）移送到正极（高电位处），以保持电源两极具有一定的电势差。非静电力有不同的来源。在化学电池（干电池、蓄电池）中，非静电力是一种与离子的溶解和沉积过程相联系的化学作用；在发电机中，非静电力来源于磁场对电荷的作用，即洛伦兹力。

1）电源电动势的大小

如图 1-1-3 所示，电动势的大小等于非静电力把单位正电荷从电源的负极，经过电源内部移到电源正极所做的功。如设 W 为电源中非静电力（电源力）把单位正电荷 q 从负极经过电源内部移送到电源正极所做的功，则电动势大小为 $E=\dfrac{W}{q}$。电源不停地通过非静电力做功将正电荷从电源负极移动到电源正极，形成电场。外电路通过电场力做功又将正电荷从电源正极移动到负极，如此反复循环，完成电路功能。

2）电源电动势的单位

电动势的单位和电压一样也是伏［特］(V)。

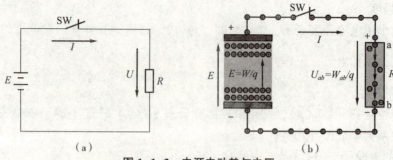

图 1-1-3　电源电动势与电压

(a) 基本电路；(b) 电源中非静电力做功

3. 电压

通常情况下，电路导体中的电荷运动是杂乱无章的，不能形成电流，要使导体中形成电流，导体两端必须有电场力作用。为了衡量电场力做功本领的大小，我们引入电压这一物理量，就像水压驱动形成水流一样。电压也称作电势差或电位差，通常用字母 U 表示。

1) 电压的大小

如图 1-1-3 (b) 所示，电压就是电场力将单位正电荷（q）从电路点 a 移至另一点 b 所做的功 W_{ab}（即消耗的电能），电压大小记作

$$U_{ab} = \frac{W_{ab}}{q}$$

2) 电压的单位

电压的单位是伏[特]（V），常用单位还有千伏（kV）、毫伏（mV）和微伏（μV），它们的换算关系为千进位（10^3）。

3) 电压的方向

电压与电流一样，不仅有大小而且有方向。电压的方向规定为从高电位指向低电位。

4) 电压与电动势的关系

电动势是反映非静电力克服电场力做功的概念，其方向为电位升高的方向；电压是反映电场力克服电路阻力做功的概念，其方向为电压降低的方向，两者的方向相反。

4. 电位

在电工技术中，通常使用电压的概念；而在电子电路中，通常要用电位的概念。电压和电位是密切联系的，在电路中任选一个参考点，电路中某一点到该参考点的电压就叫该点的电位。电位的符号用 V 表示，单位也是伏[特]（V）。

1) 电位参考点的选择

通常是将电源的负极作为参考点（也称接地点），用"⊥"表示，其电位为零。电位值是相对的，参考点选取的不同，电路中各点的电位也将随之改变。如图 1-1-4 (a) 所示，电路中 0 电位参考点选择为电源负极的 d 点，那么 a、b、c 点的电位就是 a、b、c 点与参考点（0 电位）间的电压 U_{ad}、U_{bd}、U_{cd}，记作 V_a、V_b 和 V_c。

2) 电位与电压的关系

由电位的定义可知，电位实际是电压，只不过电压是指任意两点之间，而电位则是指

某一点和固定的参考点之间，电路中任意两点之间的电压即为此两点之间的电位差。类似于图1-1-4（b）所示的水路系统，阀1、阀2和阀3相当于电路中的电阻R_1、R_2和R_3，水阀的开启压力相当于电阻的电压降，表1、表2、表3指示压力相当于电路中a、b、c点的电位。

因此，图1-1-4（a）中电压与电位关系可记作

$U_{ab} = V_a - V_b = 1 \text{ V}$ 或 $V_a = V_b + U_{ab} = 6 \text{ V}$

$U_{bc} = V_b - V_c = 1 \text{ V}$ 或 $V_b = V_c + U_{bc} = 6 \text{ V}$

$U_{cd} = V_c - V_d = 1 \text{ V}$ 或 $V_c = V_d + U_{cd} = 3 \text{ V}$

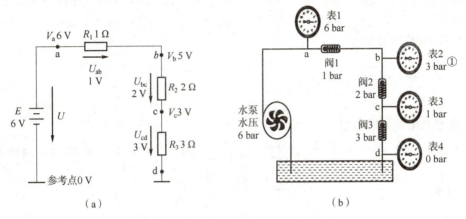

图1-1-4　电压和电位分析电路图

（a）电路系统；（b）水路系统

5. 电功、电功率

1）电功

电流做的功简称电功。电能转化为其他形式能的过程叫作电流做功，有多少电能发生了转化，就说电流做了多少功。如：电流通过白炽灯泡发光，电能转化为光能；电流通过电炉会发热，电能转化为热能，等等。电功是电流通过导体或用电器时，在一段时间内所做的功，它表示电流做功的多少，用W表示。

（1）电功的大小。

电流所做的功跟电压、电流和通电时间成正比，记作：$W = UIt$。这说明通电时间相同的情况下，电压越大，电流越大，电流做的功越多；如果保持电压和电流不变，通电时间越长，电流做的功就越多。电功是标量，只有大小，没有方向。

（2）电功的单位。

电功W的单位是焦耳（J）。焦耳这个单位很小，用起来不方便，生活中常用"度"作电功的单位，就是平常说的用了几度电的"度"。"度"在技术中叫作千瓦时（kW·h）。1 kW的用电器工作1 h所消耗的电能为1度，即1度＝1 kW·h＝3.6×10^6 J。

2）电功率

电功率是电流通过导体或用电器时在单位时间内所做的功，它表示电流做功的快慢，即等于单位时间内电流所做的功，常用字母P表示，记作：$P = W/t = UI$，单位是瓦［特

---

① 巴，1 bar＝100 kPa。

（W）或千瓦（kW）。

当 $P>0$ 时吸收功率，为负载；当 $P<0$ 时输出功率，为电源；在同一电路中，总有 $\sum P=0$，这称为功率平衡。

（1）电功和电功率的区别。

电功是指一段时间内电流所做的功，或者说一段时间内负载所消耗的电能；电功率是指单位时间内电流所做的功，或者说是指单位时间内负载消耗的电能。

（2）额定功率和额定电压。

为保证电气设备正常工作，电气设备的功率、工作电压和工作电流都有一定规定，分别叫作额定功率 P_N、额定电压 U_N 和额定电流 I_N。在额定电压和额定电流下的功率是额定功率。如电气设备上标注：220 V 40 W，表示额定电压为 220 V，额定功率为 40 W。

1.1.3 数字万用表的使用

1. 数字万用表使用功能

如图 1-1-5（a）所示，数字万用表包括显示屏、按键、量程旋钮和表笔插孔四个区域。

1）按键

POWER 为电源开关，HOLD 为锁屏按键，B/L 一般为背光灯。

2）量程旋钮

V-或 DCV 是直流电压挡，V~或 ACV 是交流电压挡，A-或 DCA 是直流电流挡，A~或 ACA 是交流电流挡，Ω 是电阻挡，标一个二极管符号的是二极管挡（也称蜂鸣挡），F 表示电容挡，H 表示电感挡，hFE 表示三极管电流放大系数测试挡。

3）表笔和表笔插孔

如图 1-1-5（b）所示，表笔分为红、黑两只，一般数字万用表会有四个插孔，分别是 VΩ 孔、COM 孔、mA 孔、10 A 孔或 20 A 孔。使用时，根据测量要求应将红色表笔插入标有"VΩ""mA""10 A"或"20 A"的相应插孔，黑色表笔插入标有"COM"的插孔，COM 孔也称为公共端，是专门插入黑表笔的插孔。

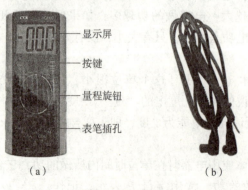

图 1-1-5 万用表
(a) 数字表；(b) 表笔

2. 数字万用表测量

（1）测量直流电压、交流电压、电阻、电容、二极管、三极管、检查线路通断等，将红表笔插入 VΩ 孔，黑表笔插入 COM 孔。

（2）测量 mA 或 μA 级的电流将红表笔插入 mA 电流专用插孔，黑表笔插入 COM 孔。

（3）测量高于 mA 级的电流将红表笔插入 10 A 或 20 A 孔，黑表笔插入 COM 孔。

1.1.4　万能电路实验板使用

万能电路实验板俗称面包板，可反复使用。常用的电子元件可直接插入，使用非常方便。

面包板的结构与连接电路如图 1-1-6 所示，由上电源区、中间元器件区和下电源区三部分组成。三部分由一块铝板固定结合在一起（注意，铝板仅仅是为了提高机械强度）。

1. 电源区

将 10 个 5 孔"孤岛"划分成正电源区和负电源区两部分，每部分内部是连接的。在电源区使用前，一般都先用万用表测量一下。

2. 元器件区

元器件区由若干个 5 孔"孤岛"组成，孤岛内部是一个铜条，保证 5 个孔之间是相通的。每个孔内是一个有弹性的导电片，当元器件的管脚插入孔内，就和孤岛有了电连接。

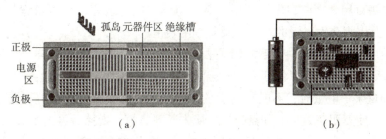

图 1-1-6　面包板的结构与连接电路

（a）面包板结构；（b）连接电路

1.1.5　知识点小结（表 1-1）

表 1-1　知识点小结

序号	物理量	符号	物理意义	实际方向	单位
1	电流	I	电荷定向移动	正电荷运动方向	A
2	电压	U	电场力做功能力	电位降低的方向	V
3	电动势	E	非电场力做功能力	电位升高的方向	V
4	电位	V	某一点到参考点的电压	标量	V
5	电功	W	描述电流做功多少的物理量	标量	J
6	电功率	P	描述电流做功快慢的物理量	标量	W

任务实施

1. 准备工作

根据所给的任务电路，准备电阻R_1（200 Ω）、R_2（200 Ω）、R_3（120 Ω）、R_4（80 Ω），12 V 直流电源，开关，面包板，跳线，数字万用表。

2. 操作流程

（1）按如图 1-1-7 所示的直流电路连接。

（2）检查电路连接完好，闭合开关 SW。

（3）测量流过电阻R_1、R_2、R_3、R_4的电流I_1、I_2、I_3、I_4。

（4）测量电阻R_1、R_2、R_3、R_4两端电压U_1、U_2、U_3、U_4。

（5）测量电路 a、b、c 点电位V_a、V_b、V_c。

（6）测量电源电动势E和电源端电压U_{a0}。

（7）计算电阻R_1、R_2、R_3、R_4单位时间所消耗的功率。

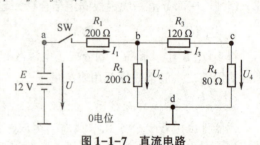

图 1-1-7　直流电路

3. 操作提示

（1）在使用万用表之前，先给万用表装上电池，电池装好以后将量程打到通断挡，短接红黑表笔，万用表会发出嘀的报警，说明万用表正常。

（2）在使用万用表过程中，不能用手去接触表笔的金属部分，这样一方面可以保证测量的准确性，另一方面也可以保证人身安全。

（3）在测量某一电量时，不能在测量的同时换挡，尤其是在测量高电压或大电流时更应注意，否则会使万用表毁坏。如需换挡，应先断开表笔，换挡后再去测量。

（4）万用表使用完毕，应将转换开关置于交流电压的最大挡。如果长期不使用，还应将万用表内部的电池取出来，以免电解液腐蚀表内其他器件。

（5）直流电压的量测：首先将黑表笔插入 COM 孔，红表笔插入 VΩ 孔。数值可以直接从显示屏上读取，若显示为"1."，则表明量程太小。

（6）并联测电压，串联测电流，对地测电位，闭路测端电压，开路测电动势。

（7）面包板布线连接点越少越好，布局尽量与原理图近似，尽量避免"立交桥"。

复习与思考题

（1）当电路中电流的参考方向与电流的真实方向相反时，该电流（　　）。

A. 一定为正值　　　　B. 一定为负值　　　　C. 不能肯定是正值或负值

（2）用万用表测量电路电流和电压时，应遵循（　　）的原则。

A. 串联测电流、并联测电压

B. 串联测电压、并联测电流

C. 串并联均可

(3) 额定功率为 40 W 的负载,工作 1 h 消耗多少度电能?(　　)

A. 0.04 度　　　　　　B. 0.4 度　　　　　　C. 4 度

(4) 在直流电中,电动势、电压和电位之间的关系是什么?

知识技能拓展

(1) 当电气设备发生接地故障,接地电流通过接地体向大地流散,若人在接地短路点周围行走,其两脚间的电位差引起的触电叫跨步电压触电。为了防止跨步电压对人造成伤害,要求防雷接地装置距离建筑物出入口、人行道最小距离不应小于多少米?

(2) 根据 GB/T 2900.50—2008 中规定,低[电]压指用于配电的交流电力系统中 1 000 V 及以下的电压等级。工业上规定交流电压为 1 000 V,直流电压 1 500 V 或以上的称为高压电。行业规定安全电压为不高于 36 V,持续接触安全电压为 24 V,安全电流为 10 mA。电击对人体的危害程度,主要取决于通过人体电流的大小和通电时间长短。电流强度越大,致命危险越大;持续时间越长,死亡的可能性越大。

任务 1.2　电路基本元件的检测

任务引入

在直流电路检测时,需检测电阻、电容和电感等基本元件性能。因此,应了解电路元件相关理论知识和性能检测方法。

大国工匠　案例二

相关理论知识

在电路中,电阻、电容和电感是最常用的三大基本元件,它们分别通过消耗电能、储存电能来完成各自的使命。

1.2.1　电阻元件

电阻元件也叫电阻器,简称电阻。

物体对电流的阻碍作用称为该物体的电阻,用 R 表示。

(1) 电阻阻值大小。

电阻阻值一般与温度、材料、长度、横截面积等有关,电阻表达式为

$$R = \rho \frac{L}{S}$$

式中,ρ 为电阻材料的电阻率($\Omega \cdot cm$);L 为电阻体的长度(cm);S 为电阻体的截面积(cm^2)。

(2) 电阻的单位。

电阻的单位为欧［姆］（Ω），常用单位还有兆欧（MΩ）、千欧（kΩ），其进位关系为 1 MΩ = 10^3 kΩ = 10^6 Ω。

1. 电阻的特性

（1）电阻是耗能元件。

电阻最基本的性能是消耗电能，是耗能元件，将电能转化成热能；焦耳定律 $Q = I^2Rt$ 就是指电阻的热效应。

（2）电阻交直流电都通。

电阻对交流电、直流电都通，加在其上的电压与电流是同相关系，也就是电压的变化和电流的变化一致，这是电阻的重要特点。

2. 电阻的应用

电阻在电路中的主要应用是通过不同电阻串联、并联和混联实现分压、分流、限流，为其他元件提供合适的工作电压、电流。

3. 常用电阻器的分类

电阻的种类较多，根据电阻的工作特性及在电路中的作用来分，可分为固定电阻、可变电阻和敏感电阻三大类。

1）固定电阻

固定电阻是阻值固定不变的电阻。如图 1-2-1（a）所示，固定电阻依制造材料不同又分为碳膜电阻（功率小、价格低），金属膜电阻（功率小、价格高），线绕电阻（功率大、耐高温）。

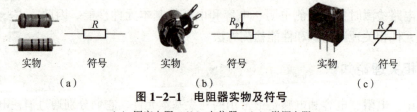

图 1-2-1 电阻器实物及符号
(a) 固定电阻；(b) 电位器；(c) 微调电阻

2）可变电阻

阻值在一定范围内可变的电阻称为可变电阻。可变电阻又分为电位器和微调电阻。如图 1-2-1（b）所示，电位器可以随时手动调节。如图 1-2-1（c）所示，微调电阻只在电路装调时进行微量调节。

3）敏感电阻

敏感电阻是利用半导体的特性制成的，敏感电阻是指器件特性对温度、电压、湿度、光照、气体、磁场、压力等作用敏感的电阻器。常用敏感电阻有光敏电阻、压敏电阻、热敏电阻等。

（1）光敏电阻。

如图 1-2-2（a）所示，光敏电阻是由半导体材料制成的器件，这些制作材料具有在特定波长的光照射下，其阻值迅速减小的特性。这是由于光照产生的载流子都参与导电，在外加电场的作用下做漂移运动，电子奔向电源的正极，空穴奔向电源的负极，从而使光敏电阻的阻值迅速下降。

（2）压敏电阻。

如图 1-2-2（b）所示，压敏电阻属于半导体器件。当加在压敏电阻上的电压低于它的阈值时，流过它的电流极小，它相当于一个阻值无穷大的电阻，也就是说，当加在它上面的电压低于其阈值时，它相当于一个断开状态的开关。当加在压敏电阻上的电压超过它的阈值时，流过它的电流激增，它相当于阻值无穷小的电阻，也就是说，当加在它上面的电压高于其阈值时，它相当于一个闭合状态的开关，从而实现对后级电路的保护。

（3）热敏电阻。

如图 1-2-2（c）所示，热敏电阻也属于半导体器件。按照温度系数不同分为正温度系数热敏电阻器（PTC）和负温度系数热敏电阻器（NTC）。热敏电阻的典型特点是对温度敏感，不同的温度下表现出不同的电阻值。正温度系数热敏电阻在温度越高时电阻值越大，负温度系数热敏电阻在温度越高时电阻值越小。

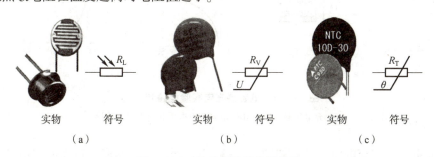

图 1-2-2　敏感电阻实物及符号
（a）光敏电阻；（b）压敏电阻；（c）热敏电阻

1.2.2　电容元件

电容元件也叫电容器，简称电容。电容器就是"储存电荷的容器"，是一种储存电能的元件。由两片相距很近的金属中间被绝缘介质（固体、气体或液体）所隔开，就构成了电容器。电容用符号 C 表示。

（1）电容容量的大小。

电容的大小与极板间介质、极板面积和极板间的距离等因素有关。常见的平行板电容器，其电容表达式为

$$C = \varepsilon \frac{S}{d}$$

式中，ε 为极板间介质的介电常数（F·m）；S 为极板面积（m^2）；d 为极板间的距离（m）。

（2）电容的单位。

电容单位为法［拉］（F），常用单位还有微法（μF）、皮法（pF），进位关系为：1 F = 10^6 μF = 10^{12} pF。

1. 电容器的充放电现象

当电容器与电源接通时，与电源正极连接的电容极板上的自由电子被电源吸引流向电源负极，与电源负极连接的极板被充斥大量电子，并形成充电电流。因此，电容正极板因失去电子呈正电性，电容负极板因得到电子呈负电性，充电后，电容器两个极板就分别带上了等

量的异种电荷,形成电场。当电容器与外电路接通时,电容负极板上的电子在电场力作用下通过外电路流回电容正极板,形成放电电流,直到两极板正负电荷完全中和,电容放电结束,放电电流为零。

1) 电容器充电现象

使电容器带电(储存电荷和电能)的过程称为充电。如图1-2-3(a)所示,实验电路中,当开关SW与A点接通的瞬间,灯泡H点亮,并逐渐熄灭。说明在开关SW合到A点时,电源E通过电阻R开始向电容C充电,有充电电流流过灯泡,而且开始充电时电流最大,灯泡最亮,但随着充电的进行,电容器两端电压开始升高,充电电流逐渐减小,直到电容两端电压U_C达到电源电压,充电电流为零,灯泡H也逐渐熄灭,充电过程结束。

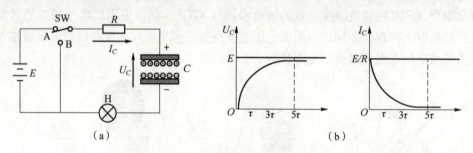

图1-2-3 电容器充电实验电路和波形

(a) 充电实验电路;(b) 电容充电电压和充电电流波形

电容充电电压和充电电流波形如图1-2-3(b)所示。电容充电过程的实质是电容将从电源获得的电能转变成电场能储存在电容中,因此说电容是储能元件。

2) 电容器放电现象

使充电后的电容器失去电荷(释放电荷和电能)的过程称为放电。如图1-2-4(a)所示,实验电路中,当开关SW与B点接通的瞬间,灯泡H点亮,并逐渐熄灭。说明在开关SW合到B点时,电容器就像电源一样通过电阻R开始放电,有放电电流流过灯泡,而且开始放电时电流为负的最大,灯泡最亮,但随着放电的进行,电容器两端电压开始下降,充电电流逐渐减小,直到电容两端电压U_C接近为零,充电电流消失,灯泡H也逐渐熄灭,放电过程结束。

电容放电电压和放电电流波形如图1-2-4(b)所示。通过放电,电容释放电荷和电能。放电后电容器两极板之间的电场消失。放电过程实质是电容将电场能转化为电能释放出来。对于有极性电容只能单向充放电,对于无极性电容正反方向充放电均可实现。

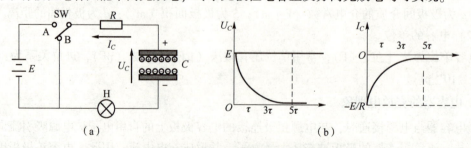

图1-2-4 电容器放电实验电路和波形

(a) 放电实验电路;(b) 电容放电电压和放电电流波形

2. 电容器的特性

（1）电容器是储能元件。

电容器最基本的性能就是能够储存电能，是储能元件。它和电阻不一样，它不消耗电能。它通过充放电来实现储存电能和释放电能。因此，加在电容两端的电压不能突变，这个性质很重要，电路中经常用到。

（2）电容器隔直流通交流特性。

电容器最基本的性质是隔直通交，就是直流电通不过，交流电可以通过。在直流电路中，电容瞬间充电结束后，电容上即使有电压，但电流为零，相当于开路；而在交流电路中，电容两端电压是交替变化的，时而充电、时而放电，相当于短路。

3. 电容器的应用

利用电容器充放电特性，电容器广泛应用在滤波、延时、耦合、振荡、波形变换等电路中。

4. 常用电容器的分类

电容器按照结构分为两大类：固定电容器和可变电容器。

1）固定电容器

固定电容器是指电容容量固定不变的电容器。固定电容器根据有无极性可分为有极性电容器和无极性电容器，常见的有极性电容器有电解电容器，无极性电容器有瓷片电容器。

（1）电解电容器。

如图1-2-5（a）所示，电解电容器使用电解质材料作为介质，属于有极性电容器，分正、负极性，容量较大。

（2）瓷片电容器。

如图1-2-5（b）所示，瓷片电容器是一种用陶瓷材料作介质，在陶瓷表面涂覆一层金属薄膜，再经高温烧结后作为电极制成的电容器，属于无极性电容器。瓷片电容器容量较小。

2）可变电容器

可变电容器是电容量可在一定范围内调整，它分为可调电容器和微调电容器。如图1-2-5（c）所示，可调电容器可通过手柄大范围调整；如图1-2-5（d）所示，微调电容器只能用螺钉旋具在较小范围内调节，因此常用在不需要经常调节的地方。

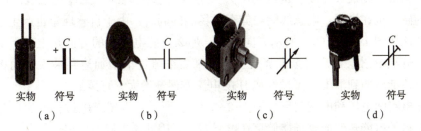

图1-2-5 电容器实物及符号

(a) 电解电容器；(b) 瓷片电容器；(c) 可调电容器；(d) 微调电容器

1.2.3 电感元件

电感线圈是由导线一圈靠一圈地绕在绝缘管上，导线彼此互相绝缘，而绝缘管可以是空心的，也可以包含铁芯或磁芯。电感和电容一样也是一种储能元件，电感线圈通电后产生磁场，通过这种方式，电感线圈将电能转换成磁能储存起来。电感器简称电感，电感用符号 L 表示。

1) 电感量的大小

电感量的大小与线圈的匝数、绕制方式、有无磁芯及磁芯的材料等有关。电感表达式为

$$L=\frac{\mu A N^2}{l}$$

式中，μ 为磁导率（单位 H/m），与磁体材料有关；A 为横截面积（单位 m²）；N 为线圈匝数；l 为线圈长度（单位 m）。

2) 电感的单位

电感单位为亨［特］（H），常用单位还有毫亨（mH）、微亨（μH），换算关系为

$$1\ H = 10^3\ mH = 10^6\ \mu H$$

3) 电感器的自感现象和自感电动势

自感现象是一种特殊的电磁感应现象，它是由于线圈回路自身电流变化而引起的。当流过电感线圈回路的电流发生变化时，此电流在线圈回路内所产生的磁通也必然发生变化，那么，这一变化的磁通也将在线圈回路中产生感应电动势。这种由线圈回路自身电流变化而引起的电磁感应现象称为自感现象，由自感现象所产生的感应电动势称为自感电动势，用 e_L 表示。自感电动势的大小与电感量 L 和电流变化率成正比，即

$$e_L=-L\frac{\Delta I}{\Delta t}$$

自感电动势总是阻碍线圈中原来电流的变化，当原来电流在增大时，自感电动势与原来电流方向相反；当原来电流减小时，自感电动势与原来电流方向相同。因此，"自感"简单地说，是由于导体本身的电流发生变化而产生的电磁感应现象。在直流电路中，只有在通、断电的瞬间电流变化才会发生自感现象，当线圈电流稳定无变化时，自感电动势自然消失。

1. 电感器的充放电现象

1) 电感器充电现象

如图 1-2-6（a）所示的实验电路，当开关 SW 与 A 点（电源）接通的瞬间，灯泡 H 逐渐点亮，并很快达到最大亮度。这说明在开关与 A 点接通瞬间，流过电感线圈的电流在增加，产生的磁场也在增强。电感线圈在储存磁场能的同时，由于自感现象也产生了自感电动势，如果电流按图 1-2-6（a）所示方向增加，那么自感电动势的方向是上正下负，阻碍电流的增加，灯泡 H 才会出现逐渐点亮现象，但随着电流逐渐增加达到最大值而稳定时，自感电动势也逐渐减弱到消失，流过灯泡 H 的电流亦逐渐增大，直至最大。

电感充电瞬间电压和电流波形如图 1-2-6（b）所示。电感充电过程的实质是电感线圈将从电源获得的电能转变成磁场能储存在电感器中，因此说电感是储能元件。

2) 电感器放电现象

如图 1-2-7（a）所示的实验电路，当开关 SW 断开 A 点（电源）与 B 点接通的瞬间，灯泡并不是立即熄灭，而是闪亮一下，然后才熄灭，这说明电源断开瞬间，流过电感线圈的电流急剧减小，电感线圈产生的自感电动势阻碍了线圈中电流的减小。如果电流按图 1-2-7（a）所示方向减小，那么自感电动势的方向是下正上负，阻碍其减小，直至电流消失。

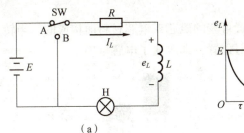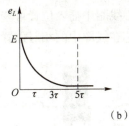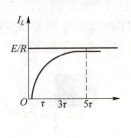

图 1-2-6　电感充电实验电路和波形
（a）电感实验电路；（b）电感充电电压和电流波形

电感放电瞬间电压和电流波形如图 1-2-7（b）所示。通过放电，电感释放磁场能。放电后电感的磁场消失。电感放电过程的实质是电感将储存的磁场能转化为电能释放出来而已。

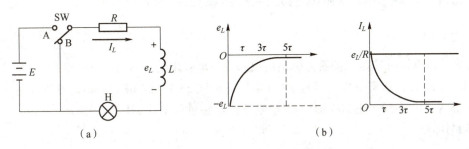

图 1-2-7　电感放电试验电路和波形
（a）电感实验电路；（b）电感放电电压和电流波形

2. 电感器的性能

1）储能元件

电感器最基本的性能是储存能量，也是储能元件。它和电容器不一样，它通过电磁感应将电能转化成磁能储存起来，需要时再将磁能转化成电能释放出去。这个功能是当通过其中的电流发生变化时，会在两端产生自感电动势，阻碍电流变化，它对电流的变化有阻碍作用，也就是流过电感的电流不能突变，这个性质很重要，电路中经常用到。

2）隔交通直

电感器的性质与电容器正好相反，是隔交通直，就是交流电通不过，直流电可以通过。在直流电路中，电感瞬间储能结束后，电感上即使有电流流过，但电流不变，相当于短路；而在交流电路中，通过电感的电流是交替变化的，产生的感应电动势与原电动势方向相反，总是阻碍电流变化，相当于开路。

3. 电感器的应用

在一般的电子电路中，常用电感器来实现耦合、滤波、选频、移相等。

4. 常用电感器的分类

如图 1-2-8 所示，根据电感的制作工艺和性能可分为固定电感器和可调电感器。

1）固定电感器

常见的固定电感器有绕线电感和叠层（贴片）电感。叠层电感与绕线电感的区别在于：叠层电感的散热性更好，但耐电流较绕线小，叠层的成本比绕线低。

2）可调电感器

可调电感器线圈是在空心线圈中插入位置可变的磁芯或铜芯材料而构成的。当转动磁芯或铜芯时，改变了磁芯或铜芯在线圈中的相对位置，即改变了电感量。

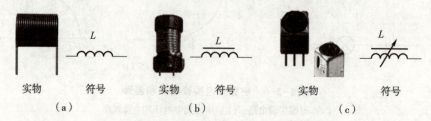

图 1-2-8　电感器实物及符号

(a) 空心电感；(b) 磁芯或铁芯电感；(c) 磁芯可调电感

1.2.4　电阻、电容和电感元件主要参数表示方法

1. 直标法

用数字和单位符号在元件表面标出主要参数。如：电阻器标注为 5 W 20 Ω 5%，表示电阻器电阻值 20 Ω、功率 5 W、误差 5%；电容器标注 25 V 4.7 nF，表示电容器容量 4.7 nF、耐压值 25 V；电感器标注 100 μH，表示电感器电感量为 100 μH。

2. 数码法

在元件上用三位数码表示标称值的标志方法。数码从左到右，第一、二位为有效值，第三位为指数，即零的个数。单位：电阻为 Ω、电容为 pF、电感为 μH。如果是小数用 "R" 表示小数点。偏差通常采用文字符号表示。如电阻器上标注数码 102，表示为 10×10^2，即 1 000 Ω 电阻；电容器上标注数码 203，表示 20 000 pF；电感器上标注数码 4R7，表示 4.7 μH。

3. 色环法

在元件涂有色环，色环一般分为四环、五环和六环。四个色环的第一、二环分别代表两位有效数值，第三环代表指数，即零的个数，第四环代表误差，单位：电阻为 Ω、电容为 pF、电感为 μH。五个色环的第一、二、三环分别代表三位有效数值，第四环代表指数，即零的个数，第五环代表误差；六色环电阻前五色环与五色环电阻表示方法一样，第六环表示该电阻的温度系数。

1.2.5　知识点小结（表 1-2）

表 1-2　知识点小结

原件	符号	物理意义	特性	主要参数	作用	单位
电阻	R	耗能元件	通交通直	阻值、功率	分压、限流	Ω
电容	C	储能元件	通交隔直	容量、耐压	滤波、耦合	F
电感	L	储能元件	通直隔交	电感量、电流	滤波、移相	H

 任务实施

1. 准备工作

根据任务需要准备：不同种类和型号的电阻器、电容器、电感器，数字万用表。

2. 操作流程

1）电阻器的检测

将两表笔（不分正负）分别与电阻的两端引脚相接即可测出实际电阻值。为了提高测量精度，应根据被测电阻标称值的大小来选择量程。测量固定电阻阻值并与标称值比较，判断电阻性能。

2）电容器的检测

测量时可将已放电的电容器两引脚直接插入数字万用表表板上的 Cx 插孔，选取适当的量程后就可读取显示数据。

对于 0.01 μF 以上的固定电容器可用数字万用表电阻挡检测。将数字万用表拨至 1 k 挡，红表笔和黑表笔分别接触被测电容器的两极，这时显示值将从 "000" 开始逐渐增加，直至显示溢出符号 "1"。若始终显示 "000"，说明电容器内部短路；若始终显示溢出，则可能是电容器内部极间开路。

3）电感器的检测

将万用表置于 $R\times1$ 挡，红、黑表笔各接电感器的任一引出端，此时指针应向右摆动。根据测出的电阻值大小进行鉴别：被测电感器电阻值为零，其内部有短路性故障。被测电感器直流电阻值的大小与绕制电感器线圈所用的漆包线径、绕制圈数有直接关系，只要能测出电阻值，则可认为被测电感器是正常的。

3. 操作提示

（1）正确选择万用表测量挡位和量程。

（2）电阻检测：将量程开关拨至 Ω 的合适量程，红表笔插入 VΩ 孔，黑表笔插入 COM 孔。如果被测电阻值超出所选择量程的最大值，万用表将显示 "1"，这时应选择更高的量程。

（3）检测电解电容器时需要注意，红表笔（带正电）接电容器正极，黑表笔接电容器负极。

（4）检测时，应反复测量几次，以减少测量误差。

 复习与思考题

（1）从能量转化角度来说，电阻器、电容器和电感器分别属于（　　　）元件。

　　A. 耗能　　　　　　　　B. 储能　　　　　　　　C. 电阻器耗能、电容器和电感器储能

（2）电容器和电感器均属于储能元件，电容器是将（　　）能转化为（　　）储存在电容器中。（　　　）

　　A. 电能　热能　　　　　B. 电能　电场能　　　　C. 电能　磁场能

17

（3）加在（　　）不能瞬变，流过（　　）不能瞬变。（　　）
A．电容两端电压　电感电流
B．电感两端电压　电容电流
C．电阻两端电压　电容电流

（4）解释 103 电阻、202 电容和 4R6 电感上所标注数码的含义。

知识技能拓展

（1）如图 1-2-9（a）所示电路，将电容、电感与电阻串联接入 12 V 交流电路中，请分析开关 SW 闭合瞬间，灯泡 H1、H2 点亮情况；开关 SW 闭合后，灯泡 H1 和 H2 点亮或熄灭情况；开关 SW 断开后，灯泡 H1 和 H2 点亮或熄灭情况。

（2）如图 1-2-9（b）所示，请说明电路是如何利用电容和电感实现选频滤波的。

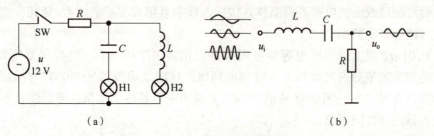

图 1-2-9　RLC 交流电路和滤波电路
（a）交流电路；（b）滤波电路

任务 1.3　直流照明电路的检测

任务引入

在直流照明电路故障检查时，需要对照明电路进行检测。因此，应了解直流照明电路相关理论知识和检测方法。

大国工匠　案例三

相关理论知识

1.3.1　直流电路中支路、节点、回路和网孔概念

1. 支路

电路中通过同一电流的每个分支称为支路。如图 1-3-1 所示，电阻 R_1、R_2 和 R_3 分别通过不同的电流，因此，代表三个不同的支路。

（1）每个元件就是一条支路。
（2）串联的元件视它为一条支路。

2. 节点

电路中 3 条或 3 条以上支路的连接点称为节点。如图 1-3-1 所示，电路中的 a、b 两点分别由 3 条支路连接，因此属于电路的两个节点。

(1) 支路与支路的连接点。

(2) 3 条或 3 条以上的支路的连接点。

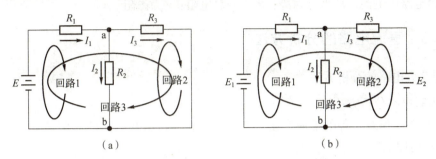

图 1-3-1　直流电路中支路、节点、回路和网孔

(a) 单电源直流电路；(b) 双电源直流电路

3. 回路

电路中任一闭合的路径称为回路。如图 1-3-1 所示，电路中有 3 个闭合路径，即有 3 个回路。

(1) 回路是闭合的支路。

(2) 回路是闭合节点的集合。

4. 网孔

不包含其他回路的独立回路称为网孔。如图 1-3-1 所示，电路中不含其他回路的独立回路有 2 个，即有 2 个网孔。

(1) 网孔内部不包含任何支路的回路。

(2) 网孔一定是回路，但回路不一定是网孔。

(3) 如图 1-3-1 所示，电路中有 3 条支路、2 个节点、3 个回路、2 个网孔。

1.3.2　欧姆定律

1. 外电路欧姆定律

在同一电路中，外电路导体中的电流跟导体两端的电压成正比，跟导体的电阻成反比，其表达式为

$$I = \frac{U}{R} \text{ 或 } U = IR \text{ 或 } R = \frac{U}{I}$$

虽然有 $R = \dfrac{U}{I}$ 表达式，但不能说导体的电阻与其两端的电压成正比，与通过其的电流成反比，因为导体的电阻是它本身的一种属性，取决于导体的长度、横截面积、材料和温度。

2. 全电路欧姆定律

一个完整的闭合电路包括电源内部的电路和电源外部的电路，即内电路和外电路两个部

分，外电路的电阻叫作外阻，其实内电路也有电阻叫作内阻。这样，欧姆定律在全电路中应用时就应该考虑内电阻对电流的影响。因此，全电路欧姆定律的表述为：闭合电路的电流跟电源的电动势成正比，跟内、外电路的电阻之和成反比，公式为

$$I=\frac{E}{R+r} \text{ 或 } E=I(R+r)=U_{外}+U_{内}$$

式中，I 为电路中电流；E 为电动势；R 为外总电阻；r 为内阻。

1.3.3　直流电路的分析方法

1. 串并联电路的分析方法

1) 串联电路分析方法

如图 1-3-2 所示，各电阻一个接一个地顺序相连；串联电路的作用是分压，调节电路电压。串联电路的特点为：

（1）各电阻中流过的电流都相同且等于总电流，即

$$I=I_1=I_2$$

（2）电路总电阻（等效电阻）等于各电阻之和，即

$$R=R_1+R_2$$

（3）总电压等于各电阻两端电压之和，即

$$U=U_1+U_2$$

（4）串联电阻上电压的分配与电阻成正比，即

$$U_1=\frac{R_1}{R_1+R_2}U \text{ 与 } U_2=\frac{R_2}{R_1+R_2}U$$

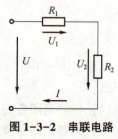

图 1-3-2　串联电路

2) 并联电路分析方法

如图 1-3-3 所示，各电阻并联连接在两个公共的节点之间；并联电路的作用是分流，调节电路电流。并联电路的特点为：

（1）各电阻两端的电压相同且等于电源电压，即

$$U=U_1=U_2$$

（2）电路总电阻的倒数等于各电阻倒数之和，即

$$\frac{1}{R}=\frac{1}{R_1}+\frac{1}{R_2}$$

（3）总电流等于各支路电流之和，即

$$I=I_1+I_2$$

（4）并联电阻上电流的分配与电阻成反比，即

$$I_1=\frac{R_2}{R_1+R_2}I \text{ 与 } I_2=\frac{R_1}{R_1+R_2}I$$

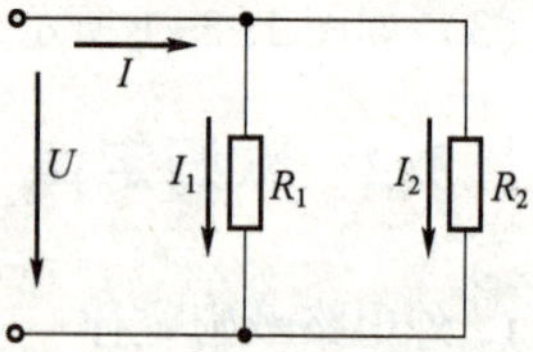

图 1-3-3　并联电路

2. 混联电路分析方法

混联电路就是既有电阻并联又有电阻串联的直流电路；它既能分压又能分流，可以调节不同支路与电阻的电压和电流。简单的电阻混联电路可以分解成电阻串联和并联电路计算。复杂的混联电路可以通过基尔霍夫定律进行分析。

1）支路电流法

如图 1-3-4（a）所示,根据基尔霍夫电流定律（KCL）,在任一时刻,通过任一节点电流的代数和恒等于零,也就是说在任一时刻,流入任一节点的电流之和必定等于流出该节点的电流之和。基尔霍夫电流定律反映了电路中任一节点处各支路电流间相互制约的关系。电荷守恒,电流连续性,即

$$\sum I = 0 \text{ 或} \sum I_入 = \sum I_出$$

如图 1-3-4（a）所示电路,对节点 a,有

$$I_1 - I_2 - I_3 = 0 \text{ 或} I_1 = I_2 + I_3$$

2）节点电压法

如图 1-3-4（b）所示,根据基尔霍夫电压定律（KVL）,对于电路中的任一回路,在任一时刻,沿回路电压的代数和恒等于零,也就是说在任一时刻,在任一回路上的电位升之和等于电位降之和,即

$$\sum U = 0 \text{ 或} \quad \sum V_升 = \sum V_降$$

如图 1-3-4（b）所示电路,对于三个回路,有

回路 1：$E_1 - U_1 - U_2 = 0$;

回路 2：$E_2 - U_3 - U_2 = 0$;

回路 3：$E_1 - E_2 - U_1 + U_3 = 0$。

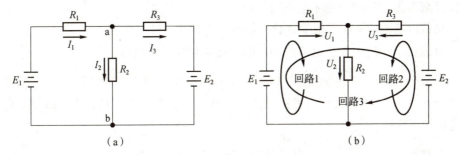

图 1-3-4　混联电路

（a）支路电流法；（b）节点电压法

1.3.4　直流电路的四种基本工作状态

1. 额定工作状态

如图 1-3-5（a）所示电路,如果开关闭合,电源则向负载 R_L 提供电流,负载 R_L 处于额定工作状态,这时电路有如下特征：

（1）负载电流：$I_L = U_L / R_L$。

（2）负载电压：$U_L = I_L R_L$。

（3）负载功率：$P_L = I_L U_L$。

2. 断路状态

如图 1-3-5（b）所示电路,负载或连接导线断开时的开路状态也称为空载状态。电路

在空载时，外电路负载电阻可视为无穷大，因此电路具有下列特征：

（1）负载电流：$I_L=0$，负载电路没有电流。

（2）负载电压：若是负载本身断路，则$U_L=E$，负载电压等于电源端电压（开路电压）；若是线路断路，则$U_L=0$。

（3）负载功率：$P_L=0$，负载功率为零，电源对外不做功。

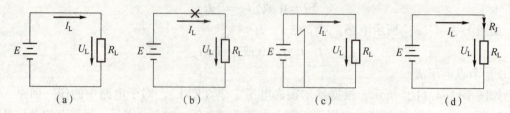

图 1-3-5　直流电路的四种基本工作状态

（a）额定状态；（b）断路状态；（c）短路状态；（d）不良状态

3. 短路状态

如图 1-3-5（c）所示电路，电源的两输出端线因绝缘损坏或操作不当，导致两端线相接触，电源被直接短路，这叫作短路状态。当电源被短路时，外电路的电阻可视为零，这时电路具有如下特征：

（1）负载电流：$I_L=0$，由于电源内阻很小，短路电流 $I\to\infty$。

（2）负载电压：$U_L=0$，由于负载被短路，负载几乎没有电压。

（3）负载功率：$P_L=0$，电源能量全部被内阻和线路消耗掉。

4. 不良状态

如图 1-3-5（d）所示电路，电路开关、导线、用电器接触不良，产生接触电阻R_J，这时电路具有如下特征：

（1）负载电流：$I_L=\dfrac{E}{R_L+R_J}$，电路电阻增加，负载电流减小。

（2）负载电压：$U_L=I_LR_L$，接触电阻分压，负载电压降低。

（3）负载功率：$P_L=I_LU_L$，负载功率减小。

1.3.5　知识点小结（表 1-3）

表 1-3　知识点小结

电路定律	内容	表达式
外电路欧姆定律	外电路导体的电流跟导体两端的电压成正比，跟导体的电阻成反比	$I=\dfrac{U}{R}$
全电路欧姆定律	闭合电路的电流跟电源电动势成正比，跟内、外电路的电阻之和成反比	$I=\dfrac{E}{R+r}$
串联电路定律	电路总电阻等于各电阻之和	$R=R_1+R_2+\cdots+R_n$
	流过电阻的电流都相等，且等于电路总电流	$I=I_1=I_2=\cdots=I_n$
	总电压等于各电阻两端电压之和	$U=U_1+U_2+\cdots+U_n$

续表

电路定律	内容	表达式
并联电路定律	电路总电阻的倒数等于各支路电阻倒数之和	$\frac{1}{R}=\frac{1}{R_1}+\frac{1}{R_2}+\cdots+\frac{1}{R_n}$
	各电阻两端电压都相等，且等于电源电压	$U=U_1=U_2=\cdots=U_n$
	总电流等于各支路电流之和	$I=I_1+I_2+\cdots+I_n$
基尔霍夫电流定律（KCL）	任一刻，流过任一节点的电流代数和恒等于零，即任一时刻，流入节点电流等于流出节点电流	$\sum I=0$ 或 $\sum I_入 = \sum I_出$
基尔霍夫电压定律（KVL）	电路中任一回路，在任一时刻，沿回路电压代数和恒等于零，即任一时刻，任意回路电位升等于电位降	$\sum U=0$ 或 $\sum V_升 = \sum V_降$

1. 准备工作

根据任务需要准备：12 V 直流电源、面包板、万用表、开关 SW、熔断器 FU、发光二极管、1 kΩ 电阻、LED 指示灯、12 V 插脚、小灯泡 2 个、导线若干。

2. 操作流程

图 1-3-6 所示为模拟汽车前照灯照明和指示灯电路。在面包板上连接该照明电路。电路图中标注的 1~7 为元件和线路连接点，也是检测试点。

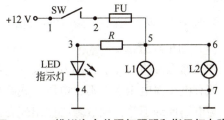

图 1-3-6 模拟汽车前照灯照明和指示灯电路

（1）检测电路各元件性能。

（2）检测各连接点的电位。

（3）根据电路故障：三个灯都不亮；指示灯 LED 不亮，L1 和 L2 灯亮；指示灯 LED 亮，L1 和 L2 灯不亮；指示灯 LED 和 L1 亮，L2 灯不亮；说明检测思路。

3. 操作提示

（1）保证电路连接正确可靠。

（2）注意电流表连接可靠，读数准确，否则会影响电阻的测量精度。

复习与思考题

（1）在照明电路中，串联开关接触不良会使灯泡变暗，这是由于加在负载灯泡上的电压和流过的电流（　　）。

A. 都减小

B. 电压减小、电流增大

C. 电压增大、电流减小

（2）电路中，电阻并联分流，如果两个电阻并联，其中一个电阻为短路，另一个电阻的电流会（　　）。

　　A. 减小　　　　　　　B. 变为零　　　　　　C. 增大

（3）基尔霍夫电压定律表明，对于电路中的任一回路，在任一时刻，沿回路电压的代数和（　　）。

　　A. 大于零　　　　　　B. 小于零　　　　　　C. 恒等于零

（4）电路短路为什么容易引起火灾？

知识技能拓展

1. 利用惠斯通电桥检测温度

（1）如图 1-3-7 所示，在面包板上连接电路。

（2）R_T 为负温度系数热敏电阻，电阻值随温度升高而降低。

（3）改变 R_T 温度，测量不同温度下 R_T 的阻值与输出电压 U 的变化关系。

（4）说明如何利用测得的输出电压 U 值计算 R_T 阻值和温度。

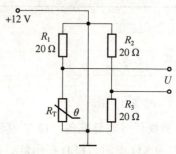

图 1-3-7　惠斯通电桥电路

2. 检查、分析电路的简单故障方法

（1）通电检查法。

在接通电源的情况下，用万用表的电压挡或电压表，根据电路工作原理，如果电路某两点应该有电压而电压表测不出电压，或某两点不应该有电压而电压表测出了电压，或所测电压值与电路原理不符，则故障必然出现在此两点间。

（2）断电检查法。

在断开电源的情况下，用万用表的电阻挡，根据电路工作原理，如果电路某两点应该导通而无电阻（或电阻极小），万用表测出开路（或电阻极大）；或某两点应该开路（或电阻很大），而测得的结果为短路（或电阻极小），则故障必然出现在此两点间。

任务 1.4　直流电动机电路的检测

任务引入

在直流电动机电路故障检查时，需检测线路熔断器、连接点、控制开关、继电器、用电器的连接情况和供电情况。因此，应了解直流电动机电路的相关理论知识和检测方法。

大国工匠　案例四

1.4.1 磁性材料

1. 磁性物质

如图 1-4-1（a）所示，磁性物质中有许多具有两个异性磁极的原磁体，在无外磁场作用时，这些原磁体排列紊乱，它们的磁性相互抵消，对外不显示磁性。

如图 1-4-1（b）所示，当把磁性物质靠近磁铁时，这些原磁体在磁场的作用下，与外磁场方向趋于一致，物质整体显示出磁性，称为磁化，即磁性物质能被磁化。这说明磁性物质中由于原磁体的存在能够被磁铁所磁化。而铜、铝等金属是没有原磁体结构的，所以不能被磁铁所吸引。

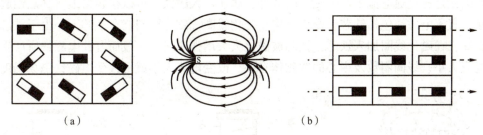

图 1-4-1 磁性物质磁化过程
（a）原磁体；（b）磁化磁体

2. 磁性材料的磁性能

磁性材料主要指铁、镍、钴及其合金等。磁性材料的磁导率通常都很高，磁性材料能被强烈地磁化，具有很高的导磁性能。

磁性物质的高导磁性被广泛应用于电工设备中，如电动机、变压器及各种铁磁元件的线圈中都放有铁芯。在这种具有铁芯的线圈中通入不太大的励磁电流，便可以产生较大的磁通和磁感应强度。

1.4.2 磁路与铁芯线圈

1. 磁路的形成

电动机、变压器、电磁铁等很多电气设备，都用铁磁性材料做成各种形状的闭合铁芯。这是由于铁磁性材料具有很高的磁导率，电流产生的磁通或磁感线基本都被约束在铁芯的闭合路径中，周围弱磁性物质中的磁场则很微弱，这种限定在铁芯范围内的磁通路径称为磁路。

2. 铁芯线圈磁路

如图 1-4-2 所示，铁芯线圈分为直流铁芯线圈和交流铁芯线圈两种。直流铁芯线圈通直流电来励磁，交流铁芯线圈通交流电来励磁。铁芯线圈的性能通常用磁感应强度和磁通来表示。

1）磁感应强度 B

磁感应强度是表示磁场内某点的磁场强弱和方向的物理量。其大小与通电线圈的长度、

匝数有关，其表达式为

$$B = \frac{KI}{N}$$

式中，K 为常数；I 为通电电流；N 为通电线圈匝数。

如图 1-4-2（a）所示，磁感应强度是一个矢量，它与电流（电流产生磁场）之间的方向关系可用右手螺旋定则来确定。

2）磁通 Φ

磁感应强度 B 与垂直于磁场方向的面积的乘积，称为通过该面积的磁通，其表达式为

$$\Phi = BS$$

式中，B 为磁感应强度；S 为磁场方向面积。

3. 电磁铁

电磁铁是通过通电流来产生磁力的器件，属非永久磁铁，可以很容易地将其磁性起动或是消除。直流电磁铁包括铁芯、衔铁机构、磁化线圈。磁化线圈绕在铁芯上。由于铁芯导磁性能良好，在磁化线圈加入铁芯，铁芯被磁化大大增强磁场。一般而言，电磁铁所产生的磁场与电流大小、线圈圈数及中心的铁磁体有关。改变电流大小就可改变电磁铁磁场强度。

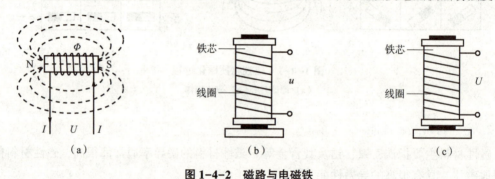

图 1-4-2　磁路与电磁铁

(a) 铁芯线圈；(b) 交流电磁铁；(c) 直流电磁铁

1.4.3　直流继电器

1. 直流继电器的组成

如图 1-4-3（a）所示，直流继电器一般由磁路系统、接触系统和返回机构等几个部分组成。磁路系统由铁芯、轭铁、衔铁、线圈等零件组成。接触系统由动触点和静触点组成。返回机构由复原弹簧组成。

2. 直流继电器的控制原理

如图 1-4-3（a）所示，根据安培定则可知，当直流继电器线圈两端加上一定的电压或电流，线圈产生的磁通通过铁芯、磁轭、衔铁、磁路工作气隙组成的磁路，在磁场的作用下，衔铁吸向铁芯极面，从而推动触点，使常闭触点断开，常开触点闭合；当线圈两端电压或电流小于一定值，弹簧反力大于电磁吸力时，衔铁回到初始状态，常开触点断开，常闭触点接通。直流继电器就是通过控制线圈的小电流通/断电，实现触点的接通与断开，从而达

到控制设备的大电流。直流继电器的电路符号如图 1-4-3（b）所示。

3. 直流继电器功用

直流继电器是自动控制电路中常用的一种元件，是实现用较小的电流来控制较大电流的一种自动开关。

4. 直流继电器管脚功能标准

（1）CEI 标准——欧标：1 脚接开关电源，2 脚接地，3 脚接电源，4、5 脚接用电器。

（2）DIN 标准——德标：86 脚接开关电源，85 脚接地，30 脚接电源，87、87a 脚接用电器。

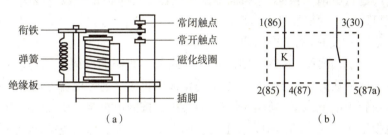

图 1-4-3 直流继电器

(a) 结构组成；(b) 电路符号

1.4.4 直流电动机

直流电动机是将电能转换为机械能的电气设备，是用直流电流来驱动的电动机。它是根据通电导体在磁场中受磁场力作用原理制成。因励磁方式不同，又分为永磁式直流电动机和他励式直流电动机。

1. 永磁式直流电动机

1）永磁式直流电动机的组成

永磁式直流电动机是用永磁体建立磁场的一种直流电动机。如图 1-4-4 所示，永磁直流电动机主要由壳体、定子和转子组成。其中定子包括永久磁极和电刷装置等；转子包括转子电枢铁芯、转子电枢绕组、换向器和转子轴。

（1）定子。

定子部分主磁极的作用是建立主磁场。永磁式直流电动机的主磁极采用永久磁铁。

图 1-4-4 永磁直流电动机组成

(a) 定子总成；(b) 转子总成；(c) 电刷

(2) 转子。

旋转的转子上安装有电枢铁芯和电枢绕组。电枢绕组是由一定数目的电枢线圈按照一定的规律连接组成，线圈的首和尾分别连接到两个换向片上。

(3) 换向器与电刷。

将多片换向片彼此绝缘就组成换向器。由于转子（电枢）是转动的，无法使用固定连接方式供电，通常采用换向器和电刷滑动接触方式供电。换向器通过电刷来连接电源供电。

当电枢转动时，电枢线圈通过换向器和电刷与外电路接通。要使电枢受到一个方向不变的电磁转矩，关键在于：当线圈边在不同极性的磁极下，如何将流过线圈中的电流方向及时地加以变换，即进行所谓"换向"。换向器配合电刷，可保证每个极下线圈边中电流始终是一个方向，就可以使电动机能连续地旋转。

2）永磁式直流电动机的工作原理

如图1-4-5（a）所示，在磁场中放置一个线圈，线圈的两端分别与两片换向片连接，两只电刷分别与两片换向片接触，并与电源的正极或负极接通。电流方向为：电源正极→正电刷→换向片→转子电枢绕组→负电刷→电源负极。按照电枢绕组中的电流方向，由左手定则可以确定电枢上边受向右的作用力，下边受向左的作用力，整个电枢线圈受到顺时针方向的转矩作用而转动。当电枢自图1-4-5（a）所示位置转过90°时，两个线圈边都转到磁感应强度 $B=0$ 的位置，此时线圈边不受电磁力的作用，转矩消失。由于机械惯性作用，电枢仍能转过一个角度，使换向片与正负电刷接触位置正好换位，电枢绕组中的电流方向也发生改变，电枢绕组因受转矩作用仍按顺时针方向转动。这样在电源连续对电动机供电时，其线圈就不停地按同一方向转动。

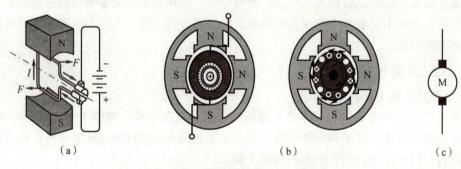

图1-4-5 永磁式直流电动机组成
(a) 单磁极单线圈；(b) 双磁极多线圈；(c) 电路符号

如图1-4-5（b）所示，一个电枢线圈产生的电磁转矩是有限的，且电枢转动不平稳，故电枢绕组是由很多组线圈组成的，换向器片数量也随线圈数量的增加而增加形成换向器，磁极也设为两对。永磁式直流电动机的电路符号如图1-4-5（c）所示。永磁式直流电动机具有体积小、效率高、结构简单、用铜量少等优点，是小功率直流电动机的主要类型，广泛应用于各种便携式的电子设备或器具中。

2. 他励式直流电动机

由于永磁式直流电动机采用永久磁体励磁，磁场强度弱、功率小。因此，要想获得较大的功率，就应采用他励式直流电动机，增强磁场强度。

1）他励式直流电动机的组成

如图 1-4-6 所示，他励式直流电动机也是由壳体、定子和转子组成。其中定子包括定子铁芯、定子绕组；转子包括转子铁芯、转子绕组、换向器、转子轴和电刷等。

（1）定子。

他励式直流电动机定子与永磁式直流电动机定子的区别在于主磁极励磁方式不同，永磁式直流电动机采用永久磁铁，而他励式直流电动机是由定子铁芯和定子绕组组成的电磁铁。

图 1-4-6　他励直流电动机组成

(a) 定子总成；(b) 转子总成；(c) 电刷总成

（2）转子。

他励式直流电动机转子与永磁式直流电动机的相似，只是根据转子电枢绕组与定子绕组是采用串联还是并联分为串励式和并励式。串励式直流电动机较为常用。

（3）换向器与电刷。

与永磁直流电动机相似，当电枢转动时，电枢线圈通过换向器和电刷与外电路接通。将流过线圈中的电流方向及时地加以变换，换向器配合电刷，可保证每个极下线圈边中电流始终是一个方向，就可以使电动机能连续的旋转。

2）他励式直流电动机的工作原理

如图 1-4-7 所示，他励式直流电动机的工作原理与永磁式直流电动机相似，只是励磁方式不同。转子绕组与定子绕组串联，转子绕组通电后，线圈在定子绕组产生的磁场中受磁场力作用，从而产生电磁转矩而旋转。

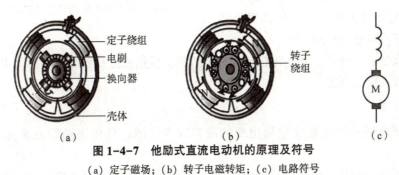

图 1-4-7　他励式直流电动机的原理及符号

(a) 定子磁场；(b) 转子电磁转矩；(c) 电路符号

3. 直流电动机的调速和正反转控制

不管是永磁式还是他励式直流电动机可以由改变电枢电压来方便地调速。直流电动机的正反转只需调换电源极性就可以了，需要注意的是正反转必须间隔一定时间，最好等电动机停下来才改变转向。但对他励式直流电动机不宜频繁正反转工作，因为励磁绕组匝数较多，电感很大，断电瞬间将产生较大的自感电动势，使开关产生火花且容易击穿绕组绝缘。

1.4.5 知识点小结（表1-4）

表1-4 知识点小结

元件	功能	原理	符号
电磁铁	增强线圈磁场	由于铁芯导磁性能良好，在磁化线圈加入铁芯，铁芯被磁化，大大增强磁场	K
直流继电器	小电流控制大电流	电磁继电器线圈通电产生磁吸力，衔铁被吸下，从而使常闭触点断开，常开触点闭合；线圈断电时，在回位弹簧作用下衔铁回到初始状态，常开触点断开，常闭触点接通	J
直流电动机	电能转化为机械能	转子绕组通电后，线圈在定子磁极磁场或绕组产生的磁场中受磁场力作用，从而产生电磁转矩而旋转	M

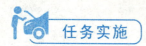

1. 准备工作

根据需要准备：12 V直流电源、面包板、万用表、导线、12 V微型直流电动机、12 V直插式继电器、贴片轻触开关3个。

2. 操作流程

（1）用万用表检测所用元件性能。

（2）按图1-4-8所示电路在面包板上连接实际电路。

（3）电路通电后，检测开关、继电器和电动机各接脚电压。

（4）开关SW闭合后，无论电动机正反转控制开关Z打到正转挡还是打到反转挡，电动机都不转故障检测方法。

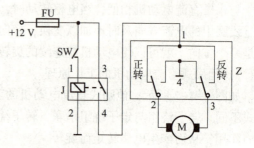

图1-4-8 直流电动机正反转控制电路

（5）开关SW闭合后，正反转控制开关Z打到正传挡或是打到反转挡时，电动机只有反转没有正转故障检测方法。

3. 操作提示

（1）直流电路故障分析应根据出现的故障现象，结合具体电路特点来分析产生故障原因。

（2）遵循由简到繁、由易到难的原则确定电路检测流程和具体方法。

复习与思考题

（1）直流电动机是利用（　　）原理工作的。

A. 通电导体在磁场中受到力的作用原理

B. 导体在磁场中切割磁力线发电原理

C. 电磁感应原理

（2）通电线圈产生磁场，在继电器磁化线圈中加入铁芯或磁芯的作用是（　　）。

A. 支撑线圈　　　　　　B. 增加磁导率　　　　　C. 使线圈磁场更强

（3）串励式直流电动机，定子绕组与转子绕组（　　）连接。

A. 串联　　　　　　　　B. 并联　　　　　　　　C. 混联

（4）在较大功率直流电动机工作电路中，为什么用继电器来控制电动机？

知识技能拓展

1. 无刷直流电动机

无刷直流电动机（简称为 BLDC 电动机），虽然挂着"直流"的名号，实际上是一种三相同步电动机。如图 1-4-9 所示，无刷直流电动机转子为永久磁铁，无须通电流，不需要碳刷及整流子，定子及线圈固定不动，也不需要电刷及换向器。定子四组线圈首端接直流电源，末端通过控制器控制的开关管连在一起接地。控制器通过控制四个开关管 Q1、Q2、Q3、Q4 的导通，按顺序依控制四组线圈供电回路，产生旋转磁场，永磁转子在旋转磁场作用下产生电磁转矩而旋转。

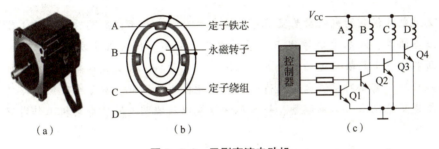

图 1-4-9　无刷直流电动机

(a) 实物；(b) 结构组成；(c) 工作原理

2. 直流电动机的检测

（1）需要兆欧表测量绝缘电阻（电枢与励磁之间；电动机、励磁与外壳之间）。

（2）观察换向器，光滑无疤痕。

（3）检查碳刷的磨损程度以及"小辫线"有无松动和破损。

（4）检查内部与输出引线端子的连接是否牢固。

（5）空载电流判定大于 10% 就有问题了，正常的空载电流应该小于 10% 才正常。

（6）空载运行至额定转速，断电自由停车，滑行过程电动机不应有明显的振动和噪声。

项目二 交流电路的检测

 项目引入

采用交流电源供电的电路称为交流电路。由于交流电具有远距离输送方便，发电设备比直流发电设备简单、成本更低等优点，因此被广泛应用。传统汽车发电机产生的就是交流电，现代新能源汽车的驱动电动机也更多采用交流电动机。在交流电路开发、设计、使用维护及保养维修时，需要对交流电路进行分析和性能检测。因此，应了解交流电路的组成、基本定律，掌握交流电路基本物理量、基本元件性能以及照明电路、电动机工作电路的相关理论知识和检测方法。

本项目依据典型的职业工作内容和"1+X"证书制度要求，设计4个教学任务，将相关知识和技能融入各个任务中，培养学生交流电路的分析能力、线路安装、检测仪器仪表使用能力、信息资料查询能力和创新能力。

任务2.1 正弦交流电路基本物理量的检测

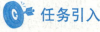 任务引入

在正弦交流电路工作性能检查和故障诊断时，需要检测正弦交流电路中电流和电压的幅值、频率、初相位等基本物理量。因此，需了解正弦交流电路基本物理量的相关理论知识和检测方法。

大国工匠 案例五

相关理论知识

2.1.1 交流电

交流电（Alternating Current，AC）是指大小和方向都发生周期性变化的电压或电流，因为周期电压或电流在一个周期内的运行平均值为零，称为交变电流或简称交流电。不同于直流电方向都是一样。通常交流电波形为正弦曲线。交流电可以有效传输电力。但实际上还有应用其他的波形，如图 2-1-1 所示的三角波、矩形波。生活中使用的市电就是具有正弦波形的交流电。

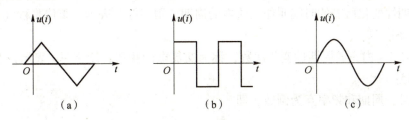

图 2-1-1　交流电波形

(a) 三角波；(b) 矩形波；(c) 正弦波

2.1.2 单相正弦交流电

1. 单相正弦交流电的产生

正弦交流电是随时间按照正弦函数规律变化的电压和电流。正弦交流电是由交流发电机产生的，在发电机中，磁场力对电荷做功产生电动势。简单的交流发电机模型如图 2-1-2（a）所示，转子绕组在磁场中以角频率 ω 做逆时针匀速转动时，根据右手定则判断，转子绕组的有效边 ab、cd 切割磁力线，在其中就产生感生电动势和感应电流，由于有效边是在做圆周运动，因此电动势和感应电流大小和方向是按正弦规律在周期性地变化。如果把线圈的两根引线焊接在随线圈一起转动的两个铜滑环上，通过电刷将有交流电不断输出。

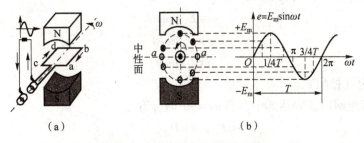

图 2-1-2　交流发电机发电原理

(a) 交流发电机模型；(b) 正弦交流电波形

由于电动势和感应电流大小和方向是按正弦规律在周期性变化，因此，电动势和电流用公式（瞬时表达式）表示为

$$e = E_m \sin(\omega t + \psi)$$
$$i = I_m \sin(\omega t + \psi)$$

2. 单相正弦交流电的三要素

任何一个正弦量的最大值（振幅）、角频率、初相位确定后，就可以写出它的解析式，计算出这个正弦量任一时刻的瞬时值。因此，最大值（振幅）、角频率和初相位称为正弦交流电的三要素。

1）正弦交流电的周期与频率

（1）周期。

在工程上，常用周期和频率来表示交流电变化的快慢。如图2-1-2（b）所示，交流电完成一次周期性变化所需的时间叫作交流电的周期，用字母 T 表示，单位是秒（s）。

（2）频率。

交流电在1 s内完成周期性变化次数，称为交流电的频率，用字母 f 表示，单位是赫兹（Hz），简称赫。

根据定义，周期和频率互为倒数，即

$$T = \frac{1}{f} \text{或} f = \frac{1}{T}$$

（3）角频率。

因为交流电完成一次周期性变化所对应的电角度为 2π，所用时间为 T，所以角频率 ω 与周期 T 和频率 f 的关系是

$$\omega = \frac{2\pi}{T} = 2\pi f$$

三者是从不同的角度反映同一个问题，即正弦量随时间变化的快慢程度。

2）正弦交流电的瞬时值、最大值和有效值

（1）瞬时值。

正弦量随时间按正弦规律变化，正弦交流电变化进程中不同时刻的数值，用小写字母 e、u、i 表示。

瞬时值是用正弦解析式表示的，即

$$e = E_m \sin\omega t$$
$$u = U_m \sin\omega t$$
$$i = I_m \sin\omega t$$

（2）最大值（振幅）。

在正弦交流电瞬时值表达式中，当 $\omega t = 90°$ 时，有

$$e = E_m, \quad u = U_m, \quad i = I_m$$

当 $\omega t = 270°$ 时，有

$$e = -E_m, \quad u = -U_m, \quad i = -I_m$$

当 $e = \pm E_m$、$u = \pm U_m$、$i = \pm I_m$ 时这些值称为正弦量的最大值，它是正弦交流电瞬时值中所能达到的最大值，最大值用大写字母加下标（m）来表示，如 E_m、U_m、I_m。

如图2-1-2（b）所示，从正弦交流电的波形图可知，交流电完成一次周期性变化时，

正、负最大值各出现一次。

(3) 有效值。

在相同的电阻上分别通以直流电流和交流电流,经过一定时间,如果它们在电阻上所产生的热量相等,则把该直流电流（电压）的大小作为交流电流（电压）的有效值,用大写字母 E、I、U 表示。

根据热效应相等,正弦交流电的有效值和最大值之间具有特定的数量关系,即

$$U=\frac{U_m}{\sqrt{2}}\approx 0.7U_m,\quad I=\frac{I_m}{\sqrt{2}}\approx 0.7I_m,\quad E=\frac{E_m}{\sqrt{2}}\approx 0.7E_m$$

市电 220 V 指的就是正弦交流电的有效值 $U=220$ V,它的最大值为：$E_m=\sqrt{2}U\approx 311$ V。

3) 正弦交流电的相位、初相位和相位差

(1) 相位。

如图 2-1-3 所示,若交流发电机有两组转子线圈 A、B,其中转子线圈 A 与中性面重合,夹角为 0°,转子线圈 B 与中性面有一定的夹角 ψ,发电机在 $t=0$ 时刻开始起动,则 A、B 两组转子线圈的感应电动势和感应电流瞬时表达式分别为

$$e_A=E_m\sin\omega t$$
$$e_B=E_m\sin(\omega t+\psi)$$

相位中的相就是状态,位就是位置,相位反映正弦交流电某一时刻的状态和位置。若对于单一的一个正弦交流电,我们只知道它的大小和频率就足够了。但不同的交流电某一时刻存在不同的状态和位置,在交流电解析式 $e_A=E_m\sin\omega t$、$e_B=E_m\sin(\omega t+\psi)$ 中,ωt、$\omega t+\psi$ 表示任意时刻两组转子线圈与中性面所成的角度,称为交流电的相位,又称相角,它反映了正弦交流电某一时刻的状态和位置。

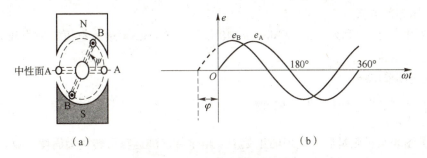

图 2-1-3 正弦交流电相位图

(a) 两组线圈的初始位置；(b) 两组线圈正弦交流电波形

(2) 初相位（初相角）。

在交流发电机三组线圈相位角 $\omega t+\psi$ 中,ψ 为正弦量 $t=0$ 时的相位,称为交流电的初相位,又称初相角或初相。初相位反映正弦交流发电机起动时刻线圈的位置。如图 2-1-3 所示,交流发电机起动时,A 相绕组（线圈）的初相位为 $\psi_A=0°$（与中性面重合）,B 相绕组的初相位为 $\psi_B=60°$。

由于转子线圈其有效边的初始位置不同,导致其变化规律不同,这正是交流电不同于直流电的重要之处。

（3）相位差。

两同频率的正弦量之间的相位之差，称为相位差，用符号 φ 表示，即

$$\varphi=(\omega t+\psi_A)-(\omega t+\psi_B)=\psi_A-\psi_B$$

两同频率的正弦量之间的相位差就等于它们初相之差。

如图 2-1-3 所示，若 e_A 的初相位 $\psi_A = 0°$、e_B 的初相位 $\psi_B = 60°$，则 e_A 与 e_B 的相位差为

$$\varphi=(\omega t+\psi_A)-(\omega t+\psi_B)=0°-60°=-60°$$

说明 e_B 超前 e_A 60° 或 e_A 滞后 e_B 60°。

相位差的大小反映了两个同频率正弦量到达正幅值或负幅值的时间差或弧度差。

3. 单相正弦交流电的表示法

表示正弦交流电的方法有多种，如前面的瞬时值函数表达式 $e=E_m\sin(\omega t+\psi)$ 和波形图表示法，前者求正弦交流量在任一时刻的数值方便，后者直观，各有所长。但二者共同的不足之处是两个正弦量相加减时，运算比较复杂。除此之外，还有旋转矢量表示法、复数表示法和相量表示法等。相量表示法是交流电电路分析计算最为方便的一种，下面主要介绍相量表示法。

用初始位置的矢量来表示一个正弦量，矢量的长度与正弦量的有效值成正比，矢量与横轴正方向的夹角等于正弦量的初相位，称为正弦量的相量图表示法。我们把表示正弦量的矢量称为相量，用大写字母上加黑点的符号来表示。例如 $\dot{U}$ 和 $\dot{I}$ 分别表示正弦电压和电流有效值相量。

1）同相位

如图 2-1-4（a）所示，$u=U_m\sin\omega t$、$i=I_m\sin\omega t$，表示电流与电压同相位，电流相量的模小于电压。

2）电压超前电流

如图 2-1-4（b）所示，$u=U_m\sin(\omega t+40°)$、$i=I_m\sin\omega t$，表示电压超前电流 40°，电流相量的模小于电压。

3）电流超前电压

如图 2-1-4（c）所示，$u=U_m\sin\omega t$、$i=I_m\sin(\omega t+40°)$，表示电流超前电压 40°，电流相量的模小于电压。

用相量图表示正弦量后，烦琐的正弦量三角函数加减运算可转化为简便、直观的矢量的几何运算。

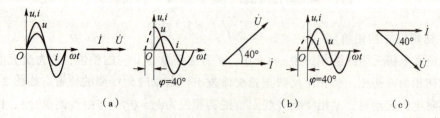

图 2-1-4 正弦量的相量表示法

(a) 电流与电压同相位；(b) 电压超前电流 40°；(c) 电流超前电压 40°

2.1.3 三相正弦交流电

前面学习的正弦交流电为单相交流电,而现代电力工程上几乎都采用三相交流电供电。三相交流电是由三个频率相同、电势振幅相等、相位差互差120°角的交流电路组成的电力系统。目前,我国生产、配送的都是三相交流电。三相制的主要优点是:在电力输送上节省导线;能产生旋转磁场,且为结构简单、使用方便的异步电动机的发展和应用创造了条件。三相制不排除对单相负载的供电,使三相供电在生产和生活中得到了极其广泛的应用。汽车使用的发电机就是三相正弦交流发电机。

1. 三相正弦交流电的产生

三相交流电动势是由三相交流发电机产生的。图2-1-5所示为三相交流发电机的原理图。三相绕组 AX、BY、CZ 是完全相同的线圈,彼此间隔120°对称嵌放在磁场中。当三组线圈以角速度 ω 匀速顺时针旋转时,每个定子绕组(称相)依次切割磁力线产生频率相同、幅值相同的正弦电动势,但相位角依次相差120°。

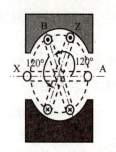

图 2-1-5 三相交流发电机的原理图

2. 三相正弦交流电表示方法

1)瞬时值表达式

如图2-1-6(a)所示,以 AX 相绕组为参考表示为

$$e_A = E_m \sin\omega t$$
$$e_B = E_m \sin(\omega t + 120°)$$
$$e_C = E_m \sin(\omega t - 120°)$$

2)波形

三相正弦交流电波形如图2-1-6(b)所示。当 $\omega t = 0°$ 时,$e_A = 0$、e_B 为正、e_C 为负;当 $\omega t = 120°$ 时,$e_C = 0$、e_A 为正、e_B 为负;当 $\omega t = 240°$ 时,$e_B = 0$、e_C 为正、e_A 为负。

3)相量

三相正弦交流电相量关系如图2-1-6(c)所示。三相正弦交流电电动势、电压和电流相位相差120°。

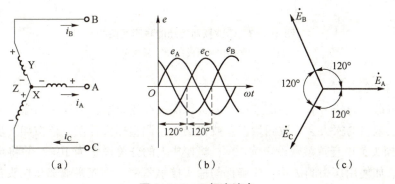

图 2-1-6 三相交流电
(a) 电路图;(b) 波形图;(c) 相量图

2.1.4 数字示波器

示波器是一种用途十分广泛的电子测量仪器。它能把肉眼看不见的电信号变换成看得见的图像，便于人们研究各种电现象的变化过程。示波器利用狭窄的、由高速电子组成的电子束，打在涂有荧光物质的屏面上，就可产生细小的光点，这是传统的模拟示波器的工作原理。在被测信号的作用下，电子束就好像一支笔的笔尖，可以在屏面上描绘出被测信号的瞬时值的变化曲线。利用示波器能观察各种不同信号幅度随时间变化的波形曲线，还可以用它测试各种不同的电量，如电压、电流、频率、相位差、调幅度等。

1. 操作面板功能

使用示波器时，通过面板进行基本的操作。如图 2-1-7（a）所示，面板上的旋钮和功能按键按功能分为电源开关、屏幕、探头补偿器、被测信号输入通道、垂直控制区、水平控制区、屏幕菜单操作键、操作方式键、辅助功能键。

2. 示波器的使用

1）功能检查

通过一条接地主线操作示波器，接通电源后，仪器执行所有自检项目并确认通过自检，按 STORAGE 按钮。

2）连接测试探头

如图 2-1-7（b）所示，将探头上的衰减开关设定为 10×，并将示波器探头与通道 1 连接。将探头连接器上的插槽对准 CH1 同轴电缆插接件（BNC）上的插口并插入，然后向右旋转以拧紧探头。

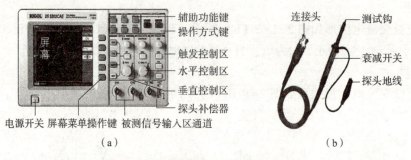

图 2-1-7 示波器面板功能和测试探头

（a）示波器控制面板；（b）测试探头

3）探头补偿

在首次将探头与任一输入通道连接时，进行探头补偿调节，使探头与输入通道相配。未经补偿或补偿偏差的探头会导致测量误差或错误。若调整探头补偿，请按如下步骤：

（1）将探头菜单衰减系数设定为 10×，将探头上的开关设定为 10×，并将示波器探头与通道 1 连接。如使用探头测试钩，应确保与探头接触紧密。将探头端部与探头补偿器的信号输出连接器相连，基准导线夹与探头补偿器的地线连接器相连，打开通道 1，然后按 AUTO 按钮。

（2）检查所显示波形的形状是否规范，并进行调整。

4）波形显示的自动设置

数字存储示波器具有自动设置的功能。根据输入的信号，可自动调整电压倍率、时基，以及触发方式至最佳形态显示。应用自动设置要求被测信号的频率大于或等于 50 Hz，占空比大于 1%。

（1）将被测信号连接到信号输入通道。

（2）按下 AUTO 按钮，示波器将自动设置垂直、水平和触发控制。如需要，可手动调整这些控制使波形显示达到最佳。

5）垂直调节

在垂直控制区（VERTICAL）有一系列的按键、旋钮。

（1）转动垂直 POSITION 旋钮控制信号的垂直显示位置。当转动垂直 POSITION 旋钮时，指示通道地（GROUND）的标识跟随波形而上下移动。

（2）转动垂直 SCALE 旋钮改变"Volt/div（伏/格）"垂直挡位，可以发现状态栏对应通道的挡位显示发生了相应的变化。

6）水平调节

在水平控制区（HORIZONTAL）有一个按键、两个旋钮。

（1）旋转水平 POSITION 旋钮调整信号在波形窗口的水平位置。

（2）旋转水平 SCALE 旋钮改变水平挡位设置，即改变"s/div（秒/格）"水平挡位。

7）触发控制设置

在触发控制区（TRIGGER）有一个旋钮、三个按键。

（1）使用 LEVEL 旋钮改变触发电平设置。

（2）使用 MENU 调出触发操作菜单，改变触发的设置，观察由此造成的状态变化。

（3）按 50%按钮，设定触发电平在触发信号幅值的垂直中点。

（4）按 FORCE 按钮，强制产生一触发信号，主要应用于触发方式中的"普通"和"单次"模式。

2.1.5 知识点小结（表 2-1）

表 2-1 知识点小结

交流电	瞬时表达式	幅值	周期频率	相位关系	相量关系
单相正弦交流电	$e = E_m \sin\omega t$ $u = U_m \sin\omega t$ $i = I_m \sin(\omega t - 90°)$	E_m U_m I_m	$f = \dfrac{1}{T}$ $\omega = 2\dfrac{\pi}{T}$ $= 2\pi f$	电压与电动势同相，电流超前电压 90°	
三相正弦交流电	$e_A = E_m \sin\omega t$ $e_B = E_m \sin(\omega t + 120°)$ $e_C = E_m \sin(\omega t - 120°)$			频率、幅值相同，相位依次相差 120°	

1. 准备工作

12 V 正弦交流电源、开关 SW、100 μF 瓷片电容、560 Ω 电阻、示波器、万用表、面包板和若干导线。

2. 操作流程

（1）在面包板上连接如图 2-1-8 所示电路图。

（2）闭合开关 SW，用示波器分别检测电阻 R 和电容 C 两端电压和电流波形，并比较电压和电流波形的幅值、频率、相位关系。

（3）用万用表检测电路电流、电阻和电压，并计算分析是否符合欧姆定律。

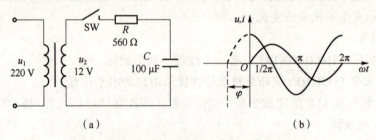

图 2-1-8　RC 串联正弦交流电路
(a) RC 串联电路；(b) 电压和电流波形

3. 操作提示

（1）首次将探头与任一输入通道连接时，进行探头补偿调节，使探头与输入通道相配。

（2）检测时，应保证检测点选择正确，探头连接可靠。

（3）注意电压、电流波形变化。

复习与思考题

（1）正弦交流电的三要素是（　　）。
A. 最大值、角频率、初相角
B. 周期、频率、有效值
C. 最大值、有效值、频率

（2）市电 220 V 是正弦交流电，它的最大值、频率和初相位是（　　）。
A. 311 V、50 Hz、0°　　B. 300 V、40 Hz、90°　　C. 280 V、60 Hz、120°

（3）相位是反映正弦交流电某一时刻的（　　）。
A. 状态和位置　　　　B. 电动势和电流的大小　　C. 初相位

（4）三线正弦交流发电机如何产生频率相同、幅值相同、相位相差 120° 电动势？

> 知识技能拓展

（1）如图2-1-9所示，将三个灯H1、H2、H3分别与电阻R、电容C、电感L串联后再并联连接到正弦交流电路中，请分析开关SW闭合瞬间和闭合后，三个灯H1、H2、H3点亮情况和亮度情况。

（2）为了保证用电安全，家庭用电线路应采取怎样的安全措施？

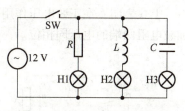

图 2-1-9　RLC 并联交流电路

任务 2.2　电路基本元件交流性能的检测

> 任务引入

在交流电路检查时，需检测电路基本元件电阻、电容和电感的交流性能。因此，应了解电路基本元件交流性能相关理论知识和检测方法。

大国工匠　案例六

> 相关理论知识

2.2.1　RLC 单一元件交流电路

正弦交流电路中的基本元件有电阻 R、电感 L 和电容 C。由单一电阻、电容和电感元件组成的电路称为单一元件参数电路。在实际工程中某些电路就可以作为单一元件参数的电路来处理。另外，复杂电路也可以认为是由单一参数元件的电路组合而成的。因此，掌握单一参数电路中的电压、电流关系及功率关系是十分重要的。

1. 纯电阻元件的交流电路

在交流电路中如果只考虑电阻的作用，这种电路称为纯电阻电路。我们平时所使用的白炽灯、电烙铁、熨斗、电炉等，它们只是发热，它们都是纯电阻。在这些电路中，当外加电压一定时，影响电流大小的主要因素就是电阻。

1）电压与电流的关系

（1）电压与电流的相位关系。

如图 2-2-1（a）所示，实验证明，电阻的特点是任何时候电流与电压成正比，当电压为正弦波时，电流也为正弦波，且相位完全相同。在纯电阻电路中，电阻元件 R 的伏安关系同样遵循欧姆定律。电阻元件上的电压与通过的电流呈线性关系，电能全部消耗在电阻上，转换为热能散发。电压与电流波形如图 2-2-1（b）所示，相量关系如图 2-2-1（c）所示。

设加在电阻两端的电压为 $u = U_m \sin \omega t$，根据欧姆定律可知

$$i = \frac{u}{R} = \frac{U_m \sin \omega t}{R} = I_m \sin \omega t$$

上式表明，在正弦电压作用下，电阻中通过的电流也是一个同频率的正弦交流电，且与加载电阻两端的电压同相位。

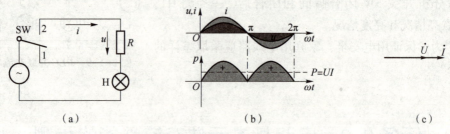

图 2-2-1　纯电阻交流电路
(a) 交流电路；(b) 波形图；(c) 相量图

(2) 电压与电流的大小关系。

根据电压与电流瞬时表达式，通过电阻的最大电流为

$$I_m = \frac{U_m}{R}$$

将上式两边同除以 $\sqrt{2}$，则得有效值为

$$I = \frac{U}{R}$$

上式称为纯电阻交流电路中欧姆定律表达式，它与直流电路中欧姆定律形式完全一致，所不同的是，交流电路中的电压和电流是指有效值。

2) 纯电阻电路的功率

(1) 瞬时功率 p。

在交流电路中，电压瞬时值 u 与电流瞬时值 i 的乘积叫作瞬时功率，用 p 表示，即

$$p = ui = U_m \sin \omega t I_m \sin \omega t$$
$$= U_m I_m \sin^2 \omega t = \frac{1}{2} U_m I_m (1 - \cos 2\omega t)$$
$$= \frac{1}{2} \sqrt{2} U \sqrt{2} I (1 - \cos 2\omega t)$$

瞬时功率最大值 $P_m = 2UI$。

如图 2-2-1 (b) 所示，从功率 p 波形图可以看出，在纯电阻交流电路中，由于电压和电流同相位，所以瞬时功率 $p > 0$，其最大值为 $2UI$，最小值为零。这表明，电阻总是消耗功率，把电能转化为热能。这种转化是不可逆的，所以，电阻是一种耗能元件。

(2) 平均功率（有功功率）。

由于瞬时功率随时间做周期性变化，测量和计算都很不方便，所以在实际应用中常用平均功率（也称有功功率）表示电路元件所消耗的功率：

$$P = UI \cos \varphi$$

式中，$\cos \varphi$ 称为功率因数，用来衡量对电源的利用程度。

在纯电阻电路中,由于电压与电流同相,功率因数 $\cos\varphi = 1$,平均功率为

$$P = UI\cos\varphi = UI$$

上式与直流电路功率公式完全相同,所不同的是,U 和 I 均为电压和电流的有效值。通常用电器铭牌标注或测量的功率均指平均功率(有功功率),如 40 W 灯泡、30 W 的电烙铁、80 W 的电视机等都是指平均功率(或叫有功功率)。

2. 纯电容元件的交流电路

1)电容对交流电的阻碍作用

如图 2-2-2(a)所示,当开关 SW 打到位置 1,电源直接给灯泡 H 供电时,可以看到灯泡 H 点亮;当开关 SW 打到位置 2,电源通过电容 C 给灯泡 H 供电时,灯泡 H 仍然被点亮,但亮度明显发暗,这表明电容能通交流电,但电容对交流电也有阻碍作用,这种阻碍作用称为容抗,用 X_C 表示,单位是欧姆。其大小关系式为

$$X_C = \frac{1}{\omega C} = \frac{1}{2\pi f C}$$

式中,X_C 为容抗(Ω);f 为频率(Hz);C 为电容器的容量(F)。

根据容抗大小关系式可知,电容的容量越大,容抗越小;交流电的频率越高,容抗越小。对于直流电路,$f = 0$,$X_C = \infty$,即电容对于直流电相当于断路。当电容 C 一定时,对于低频交流电,由于 f 很小,容抗 X_C 就很大;对于高频交流电,由于 f 很大,容抗 X_C 就很小。因此,电容对交直流电的阻碍作用可以概括为:通交流隔直流,通高频阻低频。因此,电容也被称为高通元件。

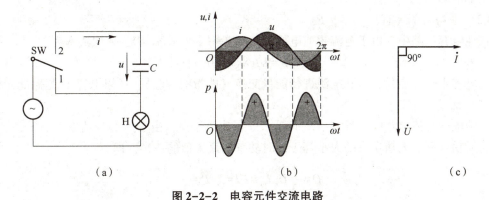

图 2-2-2 电容元件交流电路

(a)交流电路;(b)波形图;(c)相量图

我们利用双踪示波器观察纯电容电路电压和电流波形,如图 2-2-2(b)所示,从波形图中可以明显地看出,电容使电流超前电压 90°。在交流电路中,电容的充放电电流超前两端电压 90°相位角,俗称"容压后"。当对一个电容器充电时,电容器两端的电压随电容器得到的电量增加而增加,即先有电流流入,两端产生电压。无论在直流或交流路中,电容两极板间的电压不会瞬变。根据电容器两极板间的电压不能突变的原理,电容两端电流发生快速变化,但电容两端电压变化缓慢,这样在供电时并联一个合适的电容就会起到滤波和缓冲作用,不会产生冲击。其相量关系如图 2-2-2(c)所示。

(1) 电压与电流的相位关系。

在电容交流电路中，电流超前电压90°，设 $u = U_m \sin \omega t$，则有

$$i = I_m \sin(\omega t + 90°) = U_m / X_C \sin(\omega t + 90°)$$

(2) 电压与电流的大小关系。

我们通过实验来研究纯电容电路中电压与电流的大小关系，实验电路如图2-2-2（a）所示。先保持交流电源频率不变，连续改变输出电压的大小。通过电压表和电流表可以看到，电容 C 的电压和通过 C 的电流都随着改变。记下几组电流与电压的数值，可以发现，在纯电容电路中，电流与电压成正比，即

$$I = \frac{U}{X_C} \quad \text{或} \quad U = IX_C$$

上式称为纯电容电路欧姆定律表达式。与电阻电路欧姆定律表达式相比，可以看出容抗 X_C 相当于电阻 R，X_C 表示电容对交流电的阻碍作用。

2) 电容交流电路功率

(1) 瞬时功率 p。

在交流电路中，电压瞬时值 u 与电流瞬时值 i 的乘积叫作瞬时功率，用 p 表示，即

$$p = ui = U_m \sin \omega t I_m \sin(\omega t + 90°) = \frac{1}{2} U_m I_m \sin 2\omega t = \frac{1}{2} \sqrt{2} U \sqrt{2} I \sin 2\omega t = UI \sin 2\omega t$$

如图2-2-2（b）所示，从功率 p 波形图可以看出，电容是储能元件。瞬时功率在一个周期内，有时为正值，有时为负值。当瞬时功率为正值时，电容从电源吸收能量转换为磁场能储存在电容中，电压增大时，电场能增大；当瞬时功率为负值时，电容将电场能转换成电能返还给电源。

(2) 平均功率（有功功率）P。

在纯电容电路中，由于电流超前电压90°，功率因数 $\cos \varphi = 0$，平均功率为

$$P = UI \cos \varphi = 0$$

纯电容不消耗能量，只和电源进行能量交换（能量的吞吐），所以电容 C 是储能元件。

(3) 无功功率 Q。

在纯电容交流电路中，没有功率消耗，只有功率互换，由于这部分功率没有被消耗掉，故称为无功功率。无功功率的大小等于瞬时功率的最大值的一半，即

$$Q = \frac{1}{2} U_m I_m = UI = X_C I^2 = \frac{U^2}{X_C}$$

3. 纯电感元件的交流电路

1) 电感对交流电的阻碍作用

如图2-2-3（a）所示，当开关 SW 打到位置1，电源直接给灯泡 H 供电时，可以看到灯泡点亮；当开关 SW 打到位置2，电源通过电感给灯泡 H 供电时，发现灯泡明显变暗，这表明电感线圈对直流电和交流电的阻碍作用不同。对于直流电，起阻碍作用的只有线圈电阻；对于交流电，除了线圈电阻外电感也起阻碍作用，电感对交流电的阻碍作用称为感抗，用 X_L 表示，单位也是欧姆（Ω）。

感抗产生的原因不同于阻抗（电阻）。由于交流电电流的大小和方向不断变化，电感线圈就会产生变化的自感电动势。自感电动势总是阻碍电感线圈中原来电流的变化。当电流增

大时，自感电动势与原来电流方向相反，阻碍电流的增加；当电流减小时，自感电动势的方向与原来电流方向相同，阻碍电流的减小。"阻碍"不是"阻止"，"阻碍"其实是"延缓"，使回路中原来的电流变化得缓慢一些。那么，容抗的大小又与哪些因素有关？通过实验研究和分析，得出容抗大小关系式：

$$X_L = \omega L = 2\pi f L$$

式中，X_L 为感抗（Ω）；f 为频率（Hz）；L 为电感量（H）。

根据感抗大小关系式可知，电感量越大，感抗越大；交流电的频率越高，感抗越大。对于直流电路，$f=0$，$X_L=0$，即电感对于直流电相当于短路。当电感量 L 一定时，对于低频交流电，由于 f 很小，感抗 X_L 就很小；对于高频交流电，由于 f 很大，感抗 X_L 就很大。因此，电感对交直流电的阻碍作用可以概括为：通直流阻交流，通低频阻高频。因此，电感也被称为低通元件。

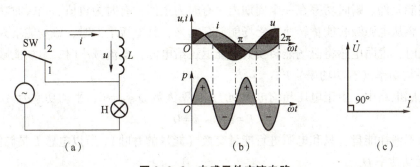

图 2-2-3 电感元件交流电路
(a) 交流电路；(b) 波形图；(c) 相量图

2）电压与电流的关系

我们仍然利用双踪示波器观察纯电容电路的电压和电流波形，如图 2-2-3（b）所示，从波形图中可以明显地看出，电感使电压超前电流 90°。原因是电感线圈加上一个变化电流时，线圈将感应产生自感电动势对抗电流的变化，即感应电流方向与外加电压产生的电流方向相反，这样使得由外电压生成的电流存在一个较电压增加缓慢的过程，即电压的建立较电流建立早，这就是所谓电压超前，即"感压前"。无论在直流或交流电路中，流过电感的电流不会突变。根据电感线圈中的电流不能突变的原理，电感两端电压发生变化了，但电流变化缓慢，就体现电感中的电流滞后电感两端电压变化。这样在供电时串联一个合适的电感就会起到缓冲作用，不会产生电流冲击。其相量关系如图 2-2-3（c）所示。

（1）电压与电流的相位关系。

在电感交流电路中，电压超前电流 90°，设 $i = I_m \sin \omega t$，则有

$$u = U_m \sin(\omega t + 90°) = I_m X_L \sin(\omega t + 90°)$$

（2）电流与电压的大小关系。

我们通过实验来研究纯电感电路中电压与电流的大小关系，实验电路如图 2-2-3（a）所示。先保持交流电源频率不变，连续改变输出电压的大小。通过电压表和电流表可以看到，电感 L 的电压和通过电感 L 的电流都随着改变。记下几组电压和电流的数值，可以发现，在纯电感电路中，电压与电流成正比，即

$$I = \frac{U}{X_L} \quad \text{或} \quad U = IX_L$$

上式称为纯电感电路欧姆定律表达式，在纯电感电路中，电压与电流成正比。与电阻电路欧姆定律表达式相比，可以看出 X_L 相当于电阻 R，表示电感对交流电的阻碍作用。电感线圈的感抗是由于交流电通过线圈时，产生自感电动势来阻碍电流的变化而形成的。

3）纯电感电路功率

（1）瞬时功率 p。

在交流电路中，电压瞬时值 u 与电流瞬时值 i 的乘积叫作瞬时功率，用 p 表示，即

$$p = ui = U_m \sin(\omega t + 90°) I_m \sin \omega t = \frac{1}{2} U_m I_m \sin 2\omega t = \frac{1}{2}\sqrt{2}U\sqrt{2}I \sin 2\omega t = UI \sin 2\omega t$$

如图 2-2-3（b）所示，从功率 p 波形图可以看出，在纯电感交流电路中，电感不消耗能量，是储能元件。瞬时功率在一个周期内，有时为正值，有时为负值。当瞬时功率为正值时，说明电感从电源吸收能量转换为磁场能储存起来，且电流增大时，磁场能增大；当瞬时功率为负值时，说明电感将磁场能转换为电能返还给电源，电流减小时，磁场能减小。

（2）平均功率（有功功率）P。

在纯电感电路中，由于电压超前电流 90°，功率因数 $\cos \varphi = 0$，平均功率为

$$P = UI \cos \varphi = 0$$

纯电感不消耗能量，只和电源进行能量交换（能量的吞吐），所以电感 L 是储能元件。

（3）无功功率 Q。

在纯电感交流电路中，和电容一样，没有功率消耗，只有功率互换。由于这部分功率没有被消耗掉，故称为无功功率。无功功率的大小等于瞬时功率的最大值的一半，即

$$Q = \frac{1}{2} U_m I_m = UI = X_L I^2 = \frac{U^2}{X_L}$$

2.2.2 RLC 基本元件串并联交流电路

1. RLC 串联电路

将电阻、电感和电容串联接在交流电路中，就组成 RLC 串联交流电路。如果在 RLC 串联电路上通以一定频率的正弦波电流，则电感上的电压会超前于电流 90°，而电容上的电压会落后于电流 90°，于是，RLC 电路两端的电压会是 L、C 两个电压之差与 R 两端电压合成。

如图 2-2-4（a）所示，在 RLC 电路中，如果正弦交流电的频率使得电感感抗大于电容容抗，电感上的电压就会大于电容上的电压，RLC 电路两端的电压会超前电流，使得电路呈电感性；如果正弦交流电的频率使得电容容抗大于电感感抗，电容上的电压就会大于电感上的电压，RLC 电路两端的电压会滞后电流，使得电路呈电容性；如果正弦交流电的频率正好使得电感感抗和电容容抗相等，电感上的电压和电容上的电压就大小相等，方向相反，互相抵消，RLC 电路两端的电压与电流同相，使得电路呈电阻性。由此得出 RLC 串联电路的性质：

（1）如图 2-2-4（b）所示，此时 $\varphi > 0°$、$X_L > X_C$，电压超前电流，电路呈电感性；

（2）如图 2-2-4（c）所示，此时 $\varphi < 0°$、$X_L < X_C$，电压滞后电流，电路呈电容性；

（3）如图 2-2-4（d）所示，此时 $\varphi = 0°$、$X_L = X_C$，电压与电流同相位，电路呈电阻性。

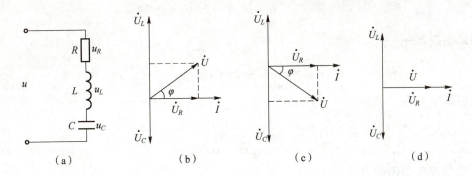

图 2-2-4　RLC 串联交流电路特性

(a) 电路；(b) 电感性相量图；(c) 电容性相量图；(d) 电阻性相量图

2. RLC 并联电路

将电阻、电感和电容并联接在交流电路中，就组成 RLC 并联交流电路。如果在 RLC 并联电路上通以一定频率的正弦波电流，因为电容上的电流相位超前于电压 90°，而电感上的电流相位落后于电压 90°，所以，电容与电感上的电流正好反相，也就是总电流为 L、C 两个电流之差再与流过电阻的电流合成。

与 RLC 串联电路相似，如果正弦波的频率使得电感感抗大于电容容抗，则电感上的电流小于电容上的电流，RLC 电路的电流会超前电压，使得电路呈电容性；如果正弦波的频率使得电感感抗小于电容容抗，则电感上的电流大于电容上的电流，RLC 电路的电流会滞后电压，使得电路呈电感性；如果正弦波的频率正好使得电容容抗与电感感抗相等，则电容上的电流与电感上的电流正好大小相等，方向相反，互相抵消，RLC 电路的电流与电压同相，使得电路呈电阻性。

2.2.3　谐振电路

对于包含电容和电感及电阻元件的无源一端口网络，其端口可能呈现容性、感性及电阻性。当电路端口的电压 U 和电流 I 出现同相位时，电路呈现电阻特性，称为谐振现象，这样的电路称为谐振电路。研究谐振的目的就是要认识这种客观现象，并在科学和应用技术上充分利用谐振的特征，同时又要预防它所产生的危害。按电路连接的不同，有串联谐振和并联谐振两种。

谐振的实质是电容中电场能与电感中的磁场能互相转换，此增彼减，完全补偿。电场能和磁场能的总和时刻保持不变，电源不必与电容或电感往返转换能量，只需要给电路中电阻所消耗的电能提供能量即可。

1. 谐振条件

在具有电阻、电感和电容元件的交流电路中，电路两端的电压与其中电流相位一般是不同的。如图 2-2-5（a）所示，如果我们调节电路元件（L 或 C）的参数或电源频率，可以使它们相位相同。由于谐振时，电路端口的电压 U 和电流 I 同相位，可知电路谐振条件为感抗 X_L 与容抗 X_C 相等，即

$$X_L = X_C \text{ 或 } \omega_0 L = \frac{1}{\omega_0 C}$$

2. 谐振频率

根据谐振条件

$$\omega_0 L = \frac{1}{\omega_0 C} \rightarrow 2\pi f_0 L = \frac{1}{2\pi f_0 C}$$

可得谐振频率为

$$f_0 = \frac{1}{2\pi \sqrt{LC}}$$

3. 电路发生谐振的方法

（1）电源频率 f 一定，调参数 L、C 使 $f_0 = f$；

（2）电路参数 LC 一定，调电源频率 f，使 $f = f_0$。

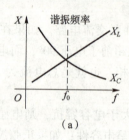
（a）

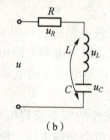
（b）

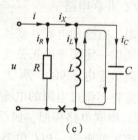
（c）

图 2-2-5 RLC 谐振电路
（a）谐振频率；（b）串联谐振；（c）并联谐振

4. 串联谐振

如图 2-2-5（b）所示，串联谐振电路呈现纯电阻特性，L 和 C 串联部分相当于短路，等效阻抗最小，电流最大且 $U_L = U_C$，串联谐振又叫电压谐振。由于串联谐振电流较大，可能会击穿线圈或电容的绝缘，因此在电力系统中一般应避免发生串联谐振，但在无线电工程上，又可利用这一特点达到选择信号的作用。

5. 并联谐振

如图 2-2-5（c）所示，并联谐振电路呈现纯电阻特性，L 和 C 并联部分相当于开路，等效阻抗最大，电流最小且 $I_L = I_C$，并联谐振又叫电流谐振。并联谐振是一种完全的补偿，电源无须提供无功功率，只提供电阻所需要的有功功率。发生并联谐振时，在电感和电容元件中流过很大的电流，因此会造成电路的熔断器熔断或烧毁电气设备的事故；但在无线电工程中往往用来选择信号和消除干扰。

6. 串联谐振电路的应用

利用串联谐振产生工频高电压，应用在高电压技术中，为变压器等电力设备做耐压试验，可以有效地发现设备中危险的集中性缺陷，是检验电气设备绝缘强度的最有效和最直接的方法。应用在无线电工程中，常常利用串联谐振以获得较高的电压。

在收音机中，常利用串联谐振电路来选择不同电台频率信号，这个过程叫作调谐，图 2-2-6 所示为选频调谐电路。

当各种不同频率信号的电波在天线上产生不同频率的电信号，经过线圈 L_1 感应到线圈

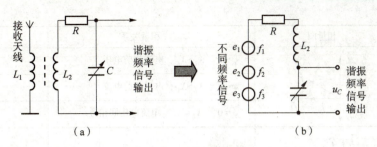

图 2-2-6 选频调谐电路
(a) 电路图；(b) 等效电路

L_2。如果振荡电路对某一信号频率发生谐振时，回路中该信号的电流最大，则在电容器两端产生一高于此信号电压 Q 倍的电压 U_C。而对于其他各种频率的信号，因为没有发生谐振，在回路中电流很小，从而被电路抑制掉。所以，可以改变电容 C，以改变回路的谐振频率来选择所需要的电台信号。

2.2.4 知识点小结

(1) 单一元件交流电路性能如表 2-2 所示。

表 2-2 单一元件支流电路性能

单一元件电路	u、i 电流关系			功率	
	瞬时值表达式	大小关系	相量图	有功功率	无功功率
R	$i = I_m \sin \omega t$ $u = U_m \sin \omega t$	$U = IR$	$\dot{U}\ \dot{I}$ →→	$P = IU = I^2 R$	0
C	$i = I_m \sin \omega t$ $u = U_m \sin(\omega t - 90°)$	$U = IX_C$ $X_C = \dfrac{1}{2\pi f C}$	$\dot{I}$ ↑ 90° $\dot{U}$ ↓	0	$Q = UI = I^2 X_C$
L	$i = I_m \sin \omega t$ $u = U_m \sin(\omega t + 90°)$	$U = IX_L$ $X_L = 2\pi f L$	$\dot{U}$ ↑ 90° $\dot{I}$ →	0	$Q = UI = I^2 X_L$

(2) 基本元件串并联交流电流性能如表 2-3 所示。

表 2-3 基本元件串并联交流电流性能

串并联电路	相量图	u、i 相量关系	电路性质
RLC 串联电路	$\dot{U}_L$ ↑ $\dot{U}_R$ $\dot{I}$ → $\dot{U}_C$ ↓	$\varphi > 0°$、$X_L > X_C$，电压超前电流	电感性
		$\varphi < 0°$、$X_L > X_C$，电压滞后电流	电容性
		$\varphi = 0°$、$X_L = X_C$，电流电压同相位	电阻性

续表

串并联电路	相量图	u、i 相量关系	电路性质
RLC 并联电路		$\varphi>0°$、$X_L>X_C$，电流超前电压	电容性
		$\varphi<0°$、$X_L>X_C$，电压超前电流	电感性
		$\varphi=0°$、$X_L=X_C$，电流电压同相位	电阻性
谐振电路		$\varphi=0°$、$X_L=X_C$，电流电压同相位 $f=f_0$	电阻性

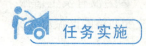 **任务实施**

1. 准备工作

12 V 50 Hz 交流电源、万用表、示波器、560 Ω 电阻、1 000 μF 电容、50 mH 电感、面包板、开关、导线。

2. 操作流程

（1）在面包板上连接如图 2-2-7 所示的电路。

（2）观察开关 SW 闭合瞬间，三个灯的点亮情况。

图 2-2-7　电路图

（3）观察开关 SW 闭合后，三个灯的点亮情况。

（4）观察开关 SW 断开瞬间，三个灯的点亮情况。

（5）用示波器检测电路中 R、C、L 三个支路电流和电压波形，并分析电流和电压变化周期、频率和初相位。

3. 操作提示

（1）连接变压器时，注意用电安全。

（2）一般校准信号的频率为 1 kHz，幅度为 0.5 V，用以校准示波器内部扫描振荡器频率，如果不正常，应调节示波器（内部）相应电位器，直至相符为止。

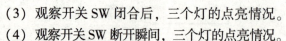 **复习与思考题**

（1）电容在交流电路中通高频、阻低频是由于（　　）。

A. 电容的容抗 X_C 与交流电的频率成正比

B. 电容的容抗 X_C 与交流电的频率成反比

C. 电容的容抗 X_C 与交流电的频率无关

（2）电感滤波正是利用了电感具有（　　）特性。

A. 感抗　　　　　　B. 通低频、阻高频　　　　　　C. 流过电感的电流不能突变

（3）在串联谐振电路中，电路总电流达到（　　）。
A. 最大　　　　　　　　B. 最小　　　　　　　　C. 等于 0

（4）在 RLC 串联谐振电路中，电压与电流的相位关系是什么？

知识技能拓展

（1）如图 2-2-8 所示，请分析三个电路是如何实现低通滤波、高通滤波和选频滤波的。

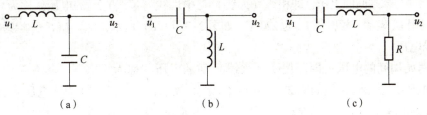

图 2-2-8　低通、高通和选频滤波电路
(a) 低通滤波电路；(b) 高通滤波电路；(c) 选频滤波电路

（2）在信号传输过程中，会有不同频率的谐波干扰信号产生，因此，在信号接收时，采用与接收信号频率相同的串联谐振电路，就可将谐波干扰信号过滤，接收所需频率信号。分析如图 2-2-9 所示电路是如何实现选频滤波的。

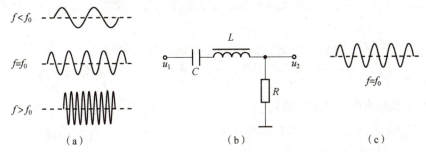

图 2-2-9　串联谐振滤波电路
(a) 不同频率波形；(b) 串联谐振电路；(c) 所需谐振频率信号波形

任务 2.3　单相交流用电电路的检测

任务引入

在单相交流用电电路设计、安装和电路故障检查时，需了解用电器负载、配线、开关和控制器的选择以及实际电路工作性能检测。因此，应了解单相交流电路相关理论知识和检测方法。

大国工匠　案例七

 相关理论知识

2.3.1　三相正弦交流电供电基础

发电机三相绕组的接法如图 2-3-1（a）所示，即将三个末端连在一起，这一连接点称

为中性点或零点（在低压系统，中性点通常接地，所以也称地线），用 N 表示，这种连接法称为星形连接。从中性点引出的导线称为中性线或零线。从始端 A、B、C 引出的三根导线称为相线或端线，俗称火线。

1. 三相正弦交流电的相电压和线电压

1）相电压

每相始端与末端间的电压，即相线（火线）与中性线（零线）间的电压，称为相电压，其有效值一般用 U_N 表示，相电压 U_N 为 220 V。如图 2-3-1（b）所示，U_A、U_B、U_C 均为相电压。

2）线电压

任意两始端间的电压，即两相线（火线）间的电压，称为线电压，其有效值一般用 U_L 表示，线电压 U_L 为 380 V。如图 2-3-1（c）所示，U_{AB}、U_{BC}、U_{AC} 均为线电压，且有线电压等于 $\sqrt{3}$ 倍的相电压，即 $U_L = \sqrt{3} U_N$。

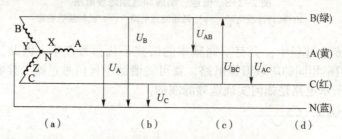

图 2-3-1　三相交流电相电压和线电压及导线颜色
(a) 三相电源；(b) 相电压；(c) 线电压；(d) 导线颜色

2. 三相正弦交流电供电导线颜色

应用中的使用标准、规范的导线颜色如图 2-3-1（d）所示，A 线用黄色，B 线用绿色，C 线用红色，N 线用蓝色，PE 线用黄绿色。

3. 三相正弦交流电的供电方式

三相正弦交流电常以三相五线制方式供电。如图 2-3-2 所示，在低压配电网中，输电线路一般采用三相五线制。三相五线制是指 A、B、C、N 和 PE 线，其中，PE 线是保护地线，也叫安全线，是专门用于接到诸如设备外壳等保证用电安全的。PE 线在供电变压器侧和 N 线接到一起，但进入用户侧后绝不能当作零线使用，否则，发生混乱后就与三相四线制无异了。但是，由于这种混乱容易让人丧失警惕，可能在实际中更加容易发生触电事故。现在民用住宅供电已经规定要使用三相五线制，如果不是，可以要求整改。

三相五线制包括三相电的三个相线（A、B、C 线）、中性线（N 线）以及地线（PE 线）。中性线（N 线）就是零线。三相负载对称时，三相线路流入中性线的电流矢量和为零，但对于单独的一相来讲，电流不为零。三相负载不对称时，中性线的电流矢量和不为零，会产生对地电压。

三相五线制分为 TT 接地方式和 TN 接地方式，其中 TN 又具体分为 TN-S 和 TN-C-S 两种方式。

1）TT 接地方式

图 2-3-2 所示为三相五线制 TT 接地方式，第一个字母 T 表示电源中性点接地，第二个 T

是设备金属外壳接地。这种方法高压系统普遍采用，低压系统中有大容量用电器时不宜采用。

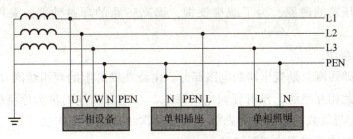

图 2-3-2　三相五线制 TT 接地方式

2）TN 接地方式

图 2-3-3 所示为三相五线制 TN 接地方式。

（1）TN-S 接地方式。

字母 S 代表 N 与 PE 分开，设备金属外壳与 PE 相连，设备中性点与 N 相连。

其优点是 PE 中没有电流，故设备金属外壳对地电位为零。TN-S 接地方式主要用于数据处理、精密检测、高层建筑的供电系统。

（2）TN-C-S 接地方式。

一部分 N 与 PE 分开，是四线半制供电方式，应用于环境较差的场所。当 N 和 PE 分开后不允许再合并。中国规定，民用供电线路相线之间的电压（即线电压）为 380 V，相线和地线或中性线之间的电压（即相电压）均为 220 V。进户线一般采用单相二线制，即三个相线中的任意一相和中性线作零线。如遇大功率用电器，需自行设置接地线。

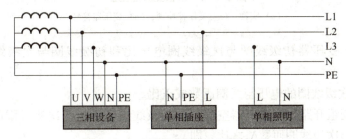

图 2-3-3　三相五线制 TN 接地方式

2.3.2　交流变压器

在交流电路中，将电压升高或降低的设备叫变压器。变压器能把任一数值的电压转变成频率相同的用户所需的电压值，以满足电能的输送、分配和使用要求。

例如发电厂发出来的电，电压等级较低，必须把电压升高才能输送到较远的用电区，用电区又必须通过降压变成适用的电压等级，供给动力设备及日常用电设备使用。

1. 单相交流变压器

1）结构组成

如图 2-3-4（a）所示，单相交流变压器的结构组成包括变压器铁芯、变压器绕组和冷却系统。变压器部件主要是由铁芯、线圈组成的，此外还有油箱、油枕、绝缘套管及分接头等。

53

(1) 变压器铁芯。

铁芯构成变压器的磁路，为了减少铁损，提高磁路的导磁性能，采用硅钢片叠成的铁芯。

(2) 变压器绕组。

变压器绕组即线圈，是变压器的电路部分，由绕在铁芯上的两组线圈（漆包线）构成，铁芯与线圈间彼此相互绝缘，没有任何电的联系。与电源相连的称为原绕组（或称初级绕组、一次绕组），与负载相连的称为副绕组（或称次级绕组、二次绕组）。变压器的绕组与绕组之间、绕组与铁芯之间均相互绝缘。

2) 单相变压器的工作原理和特性

如图 2-3-4（b）所示，变压器是根据电磁感应制成的。当将变压器的初级绕组接到交流电源上时，铁芯中就会产生变化的磁力线。由于次级线圈绕在同一铁芯上，磁力线切割次级线圈，次级线圈上必然产生感应电动势，使线圈两端出现电压。因磁力线是交变的，所以次级线圈的电压也是交变的，而且频率与电源频率完全相同。

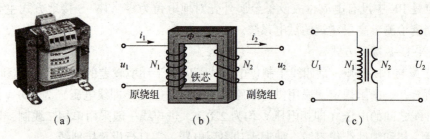

图 2-3-4 单相交流变压器
(a) 实物；(b) 变压器原理；(c) 变压器符号

经理论证实，变压器初级线圈与次级线圈电压比和初级线圈与次级线圈的匝数比值有关。

(1) 初级、次级线圈的电压与线圈匝数成正比。

当变压器副绕组开路，即变压器空载时，初级线圈电压 U_1 与次级线圈电压 U_2 之比等于初级线圈匝数 N_1 与次级线圈匝数 N_2 之比，即

$$U_1/U_2 = N_1/N_2 = K$$

当初级与次级频率保持一致，从而实现电压的变化。显然，改变线圈绕组的匝数即可实现电压的变换，且 $K>1$ 时为降压变压器；$K<1$ 时为升压变压器。

(2) 初次级线圈的电流与线圈匝数成反比，即

$$I_1/I_2 = N_2/N_1 = 1/K$$

(3) 根据能量守恒定律，输入、输出功率不变，即

$$P_1 = U_1 I_1 = P_2 = U_2 I_2$$

2. 三相交流变压器

电力工业中，输配电都采用三相制，变换三相交流电电压，则用三相交流变压器。三相交流变压器是三个相同容量的单相变压器的组合。它有三个铁芯柱，每个铁芯柱都绕着同一相的2个线圈，一个是高压线圈，另一个是低压线圈，各相磁通都经过中间铁芯。

由于三相磁通对称（各相磁通幅值相等，相位互差120°），所以通过中间铁芯的总磁通

为零,故中间铁芯柱可以取消。三个初次级绕组可以根据实际需要连接成星形或三角形。原边与三相电源连接,副边和三相负载连接,构成三相电路。

2.3.3 交流电路控制器和保护器

1. 空气断路器

空气断路器又名空气开关(简称空开),断路器可用来分配电能,不频繁地起动异步电动机,对电源线路及电动机等实行保护,当它们发生严重的过载或者短路及欠压等故障时能自动切断电路,其功能相当于熔断器式开关与过热继电器及欠压保护器等的组合,而且在分断故障电流后一般不需要变更零部件。目前已获得了广泛的应用。

1) 空气断路器的组成

(1) 脱扣机构。

如图 2-3-5 所示,脱扣机构是一套连杆装置。当主触点通过手动操作手柄闭合后,就被锁扣锁在合闸的位置。如果电路中发生故障,则有关的脱扣器将产生作用使脱扣机构中的锁扣脱开,于是主触点在释放弹簧的作用下迅速分断。按照保护作用的不同,脱扣器可以分为过流脱扣器、欠压脱扣器和过热脱扣器等类型。

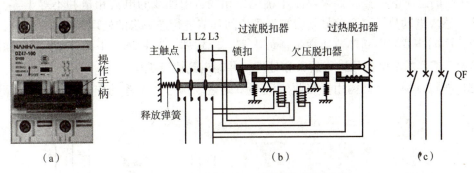

图 2-3-5 空气断路器实物和原理图及符号
(a) 实物;(b) 原理示意图;(c) 符号

(2) 过流脱扣器。

如图 2-2-5 (b) 所示,在正常情况下,过流脱扣器的衔铁是释放着的;一旦发生严重过载或短路故障时,与主电路串联的线圈就将产生较强的电磁吸力把衔铁往下吸引而顶开锁扣,使主触点断开。

(3) 欠压脱扣器。

如图 2-3-5 (b) 所示,欠压脱扣器的工作恰恰与过流脱扣器相反,在电压正常时,电磁吸力吸住衔铁,主触点才得以闭合。一旦电压严重下降或断电时,衔铁就被释放而使主触点断开。当电源电压恢复正常时,必须重新合闸后才能工作,实现了失压保护。

(4) 过热脱扣器。

如图 2-3-5 (b) 所示,当线路发生一般性过载时,过载电流虽不能使电磁脱扣器动作,但能使热元件产生一定热量,促使双金属片受热向上弯曲,推动杠杆使搭扣与锁扣脱开,将主触头分断,切断电源。

2）空气断路器的开关的控制原理

如图 2-3-5（b）所示，当线路或电气设备发生一般性短路、严重过载及欠电压时，空气断路器中的过流脱扣器、欠压脱扣器和过热脱扣器会做出相应动作，使锁扣断开，将三个主触头分断，切断电源。空气断路器的电路符号和字母符号如图 2-3-5（c）所示。

2. 漏电保护器

漏电保护器又叫漏电断路器，简称漏保。它不能单独适用，必须与空气断路器配合才能切断主电路，可以说是空气断路器的功能拓展。它主要是用来在设备发生漏电故障时以及对有致命危险的人身触电保护。

1）漏电保护器的组成

如图 2-3-6 所示，电流型漏电保护器是以电路中零序电流的一部分（通常称为残余电流）作为动作信号，且多以电子元件作为中间机构，灵敏度高，功能齐全，因此这种保护装置得到越来越广泛的应用。电流型漏电保护器的构成分以下几部分：

（1）检测元件。检测元件可以说是一个零序电流互感器。被保护的相线、中性线穿过环形铁芯，构成了互感器的一次线圈N1，缠绕在环形铁芯上的绕组构成了互感器的二次线圈N2，如果没有漏电发生，这时流过相线、中性线的电流相量和等于零，因此在N2上也不能产生相应的感应电动势。如果发生了漏电，相线、中性线的电流相量和不等于零，就使N2上产生感应电动势，这个信号就会被送到中间环节进行进一步的处理。

（2）中间环节。中间环节通常包括放大器、比较器、脱扣器。中间环节的作用就是对来自零序互感器的漏电信号进行放大和处理，并输出到执行机构。

（3）执行机构。该结构用于接收中间环节的指令信号，实施动作，自动切断故障处的电源。

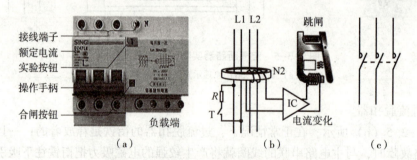

图 2-3-6　漏电保护器实物和工作原理

（a）3P+N 漏电保护器实物；（b）漏电保护器工作原理；（c）符号

2）漏电保护器的工作原理

如图 2-3-6（b）所示，漏电保护器是指具有对漏电流检测和判断的功能。如果有人体触摸到电源的线端即火线或电气设备内部漏电，这时电流从火线通过人体或电气设备外壳流入大地，而不流经零线，火线和零线的电流就会不相等，漏电保护器检测到这部分电流差后立刻促使空气断路器跳闸，保护人身和电器的安全，一般这个电流差选择在几十毫安。

3. 空气断路器和漏电保护器的选择

电路回路设计和空气断路器、漏电保护器选择直接关系到后期居住舒适性和安全性。家用断路器只需要在三种参数上进行选择，分别是极数、附件和电流。我们一项一项地选，最后将选出来的三种参数综合在一起，就是需要的断路器的完整参数了。

1）极数

家用空气断路器只有两种极数，即 1P 和 2P。1P 的特点是只能断开火线，且只对火线提供相应的保护。2P 的特点是同时断开零线、火线，对零线、火线提供保护。很显然，2P 断路器更好一些。但是 2P 断路器的价格更高，宽度太大，因此在狭窄的家用 PZ30 箱里，没有办法全部使用 2P 断路器。一般只在两个地方使用 2P 断路器，即主开关和各类插座回路（三孔插座回路），其余均用 1P 断路器。

2）附件

家用附件有漏电保护器和过欠压保护器。漏电保护器是必须使用的，过欠压保护器视情况选择，如果用电地区电压不稳定，则需要在主开关安装过欠压保护器，以免对电器造成影响。

漏电保护器需要安装在所有的插座回路上。照明回路和主开关，不需要安装漏电保护器。

3）电流

断路器的电流与负载和电线有关，一般按照负载电流的 1.5 倍选择空气断路器。家庭常用 32 A、20 A 和 16 A 断路器。断路器的电流写作 Cxx，代表 xxA。照明回路使用 1~2 个 16 A 或 20 A 断路器，主开关使用 32 A 断路器。

2.3.4 知识点小结（表 2-4）

表 2-4 知识点小结

名称	功能	基本组成	原理	符号
变压器	升压或降压	铁芯、原副绕组、冷却系统	一次绕组加交流电，电流在铁芯中会产生交变磁通，根据电磁感应原理，二次绕组就会感应出电动势，且有：$U_1/U_2 = N_2/N_1$	U_1 N_1 N_2 U_2
空气断路器	短路、过载时，自动切断电源	主触点、锁扣、脱扣继电器	当线路或电气设备引发生一般性短路、严重过载及欠电压时，空气断路器中的脱扣器脱扣断开，将三个主触头分断，切断电源	QF
漏电保护器	触电、漏电时，自动切断电源	检测元件、中间环节和执行机构	当主回路有漏电流时，辅助触点和主回路开关的脱扣器串联成一回路，辅助触点接通，分离脱扣器而断开空气开关、交流接触器，切断主回路	

1. 准备工作

按照任务要求准备：2P 空气断路器 1 个、1P 空气断路器 1 个、2P+N 漏电保护器 1 个、三孔插座 2 个、灯开关 2 个、25 W 节能灯 2 个、相应型号和颜色导线若干、万用表、剥线钳、绝缘胶带等工具。两个插座，一个接 2P 空调（1P 空调功率约为 2.3 kW），一个接电冰箱、洗衣机和其他用电器（总功率为 1.7 kW）。

2. 操作流程

（1）根据用电器功率和接线规范，选择合适的空气断路器和漏电保护器以及接线型号和颜色。
（2）检测空气断路器的工作性能。
（3）检测漏电保护器的工作性能。
（4）按图 2-3-7 所示的电路进行实物接线（不用接电）。
（5）检测整体线路连接情况。

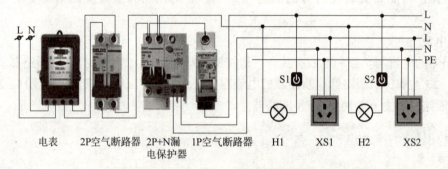

图 2-3-7 家用单项交流电路

3. 操作提示

（1）根据工程经验，单相负载（设备）工作电流为 4.5 A/kW；铜芯电缆导线安全载流量按 6 A/mm² 计算，铝芯电缆导线安全载流量按 4 A/mm² 计算。
（2）按工程规范要求，开关和控制器接线采取上进下出原则。
（3）空气断路器和漏电保护器主要检测合闸或跳闸时的通断情况。
（4）用万用表蜂鸣挡测通断。

复习与思考题

（1）变压器不能改变交流电的是（　　）。
A. 电流　　　　　　B. 电压　　　　　　C. 匝数　　　　　　D. 频率
（2）照明灯具的（　　）必须经开关控制，不得直接引入灯具。
A. 工作零线　　　　B. 保护零线　　　　C. 相线
（3）当电路中发生过载、短路和欠压等故障时，能自动分断电路的电器叫（　　）。
A. 空气断路器　　　B. 接触器　　　　　C. 漏电保护器

(4) 能作漏电保护的电器是（　　）。

A. 熔断器　　　　　　B. 空气断路器　　　C. 漏电保护器　　　D. 交流接触器

(5) 对称三相电源星形连接时，线电压是（　　）。

A. 3倍的相电流　　　B. 2倍的相电流　　　C. $\sqrt{3}$倍的相电流

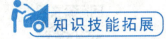

1. 单相用电线路故障检测

根据任务实施单相用电实际线路进行故障检测。故障现象为：①两个照明灯都不亮；②两个插座都没有电；③空气断路器或漏电保护器跳闸后，合闸就跳闸。

检测流程提示：

（1）如果是一个照明灯不亮或单个插座没电，应检查灯开关或灯和插座本身是否损坏或连线接触不良。

（2）如果是两个照明灯都不亮或两个插座都没有电，首先检查空气断路器和漏电保护器是否跳闸，如果跳闸，应重新合闸使用。

（3）若合不上闸或合闸后就跳闸，应进行全面检查。用验电笔或万用表从用电器开始沿着线路控制器进线端和出线端依次检测，如果进线端有电而出线端没有，说明开关等中间控制器和保护器及表故障。如果用电器进线端有电，说明线路接触不良或用电器损坏。

2. 三相变压器

变压器是变换交流电压、电流和阻抗的器件，当初级线圈中通有交流电流时，铁芯（或磁芯）中便产生交流磁通，使次级线圈中感应出电压（或电流）。三相变压器相当于将三个单相变压器组合在一起，也是由铁芯（或磁芯）和线圈组成的，线圈有三组，其中接电源的线圈叫初级绕组，其余的线圈叫次级绕组，如图2-3-8所示。三相变压器的基本工作原理也是电磁感应原理。当交流加到初级绕组后在铁芯中产生交变的磁通，这个交变磁通不仅穿过初级绕组，同时也穿过次级绕组，它分别在两个绕组中引起感应电动势。这时如果二次侧与外电路的负载接通，便有交流电流流出，于是输出电能。

 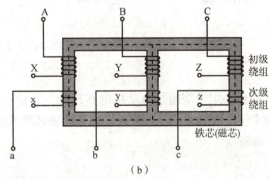

(a)　　　　　　　　　　　　(b)

图2-3-8　三相变压器

(a) 实物图；(b) 变压器原理示意图

任务2.4 三相交流用电电路的检测

任务引入

在三相交流用电电路设计、安装和电路故障检查时，需了解用电器负载、配线、开关和控制器的选择以及实际电路工作性能检测。因此，应了解三相交流电路相关理论知识和检测方法。

大国工匠　案例八

相关理论知识

2.4.1 三相异步电动机

1. 三相异步电动机的构造

如图2-4-1（a）所示，三相异步电动机的两个基本组成部分为定子（固定部分）和转子（旋转部分），此外还有端盖、风扇等附属部分。

1）定子

如图2-4-1（b）所示，三相异步电动机的定子指其固定不动部分，主要包括：

（1）定子铁芯。由厚度为0.5 mm的、相互绝缘的硅钢片叠成，硅钢片内圆上有均匀分布的槽，其作用是嵌放定子三相绕组AX、BY、CZ。定子铁芯构成异步电动机磁路的一部分。

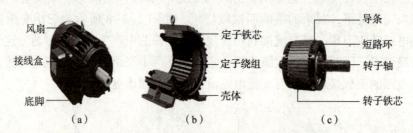

图2-4-1　三相异步电动机的结构图
(a) 电动机总成；(b) 定子；(c) 转子

（2）定子绕组。定子绕组是电动机电路部分，它由三个在空间相差120°电角度、结构相同的三组用漆包线绕制好的，对称地嵌入定子铁芯槽内的相同的线圈组成。这三相绕组可接成星形或三角形。

2）转子

如图2-4-1（c）所示，异步电动机的转子指其旋转部分，主要部件包括：

（1）转子轴。其用轴承支撑在电动机前后端盖上。

（2）转子铁芯。转子铁芯是构成电动机磁路的又一部分，它分为鼠笼式和绕线式两种。

转子绕组构成电动机电路的另一部分。

（3）转子绕组。其用于产生感应电势并产生电磁转矩，分鼠笼式和绕线式两种。鼠笼式转子绕组大部分是用铝浇铸成笼型转子导体。绕线式转子铁芯由厚度为 0.5 mm 的、相互绝缘的硅钢片叠成，硅钢片外圆上有均匀分布的槽，其作用是嵌放转子三相绕组。绕线式转子三相绕组必须连接成星形，三个向外的引出端子与固定在转轴上的三个相互绝缘的铜环相连接。

2. 三相异步电动机的工作原理

根据电磁感应定律，闭合导体切割磁力线就会产生感应电动势和电流，而通电导体在磁场中受磁场力作用。三相异步电动机就是利用电磁感应定律工作的。如图 2-4-2（a）所示，设三相异步电动机模型的定子磁极是顺时针转动，固定不动的转子绕组和旋转的定子磁场相切割而感应电动势。转子绕组是闭合的，因此感应电动势在绕组中产生感应电流。感应电流的方向与感应电动势的方向相同。如图 2-4-2（b）所示，转子绕组处在磁场中，必定受到电磁力 F 的作用。两个电磁力的大小相等、方向相反，因此对电动机转轴形成了电磁转矩，于是转子就顺着定子磁场的方向转动起来。电动机转动的关键是定子通电产生的旋转磁场。如图 2-4-2（c）所示，三相定子线圈空间呈 120°角分布，通入三相交流电后就能产生旋转磁场。

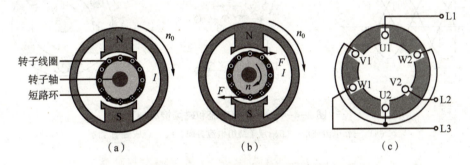

图 2-4-2　异步电动机原理示意图
(a) 感应电流产生；(b) 产生电磁转矩；(c) 定子线圈分布

1）定子绕组旋转磁场的产生

在电动机的对称三相定子绕组中通入对称三相交流电：

$$i_A = I_m \sin \omega t$$
$$i_B = I_m \sin(\omega t + 120°)$$
$$i_C = I_m \sin(\omega t - 120°)$$

（1）$\omega t = 0°$ 时电流和磁场情况。

如图 2-4-3（a）所示，当 $\omega t = 0°$ 时，U 相电流为零，W 相电流为正，V 相电流为负。此时，三相定子绕组电流方向如图 2-4-3（b）所示，BY 线圈首端流入、尾端流出 Y→B；CZ 线圈尾端流入、首端流出 C→Z；相邻线圈 BY、CZ 电流流向一致，根据右手螺旋定则判断，在气隙中生成如图 2-4-3（c）所示方向的合成磁场。

（2）（2）$\omega t = 60°$ 时电流和磁场情况。

如图 2-4-4（a）所示，当 $\omega t = 60°$ 时，W 相电流为零，U 相电流为正，V 相电流为负。

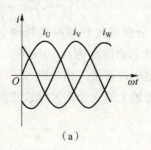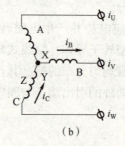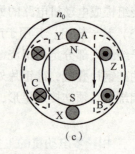

图 2-4-3　$\omega t=0°$ 电流和磁场情况

(a) 三相电流波形；(b) 定子绕组电流方向；(c) 合成磁场方向

此时，三相定子绕组电流方向如图 2-4-4（b）所示，BY 线圈首端流入、尾端流出 Y→B；AX 线圈尾端流入、首端流出 A→X；相邻线圈 BY、AX 电流流向一致，根据右手螺旋定则判断，在气隙中生成如图 2-4-4（c）所示方向的合成磁场。显然，电流随时间变化 60°电角度，电动机的气隙磁场在空间的位置也随之旋转了 60°。

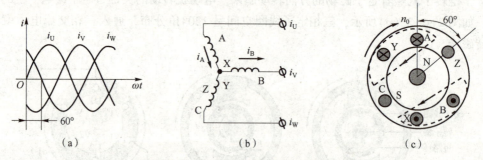

图 2-4-4　$\omega t=60°$ 电流和磁场情况

(a) 三相电流波形；(b) 定子绕组电流方向；(c) 合成磁场方向

（3）$\omega t=120°$ 时电流和磁场情况。

如图 2-4-5（a）所示，当 $\omega t=120°$ 时，V 相电流为零，U 相电流为正，W 相电流为负。此时，三相定子绕组电流如图 2-4-5（b）所示，CZ 线圈首端流入、尾端流出 Z→C；AX 线圈尾端流入、首端流出 A→X；相邻线圈 CZ、AX 电流流向一致，根据右手螺旋定则判断，在气隙中生成如图 2-4-5（c）所示方向的合成磁场。同样，电流随时间变化 120°电角度，电动机的气隙磁场在空间的位置也随之旋转了 120°。

以此类推，电流随时间继续变化，又经历了 120°电角度的同时，电动机的气隙磁场在空间的位置也顺时针旋转了 120°。

由此可推断，电流随时间变化一周，电动机的气隙磁场在空间的位置也顺时针旋转了 360°。可见，工程实际中，三相异步电动机定子和转子之间的气隙旋转磁场代替了模型电动机定子的转动磁极。

只要三相异步机的对称三相定子绕组中通入对称三相交流电，就会在定子和转子之间的气隙中产生一个随时间空间位置不断变化的旋转磁场。转子导体与磁场相切割产生感应电动势，由于转子导体是闭合的，因此生成感应电流，载流导体受电磁力的作用形成力偶，力偶对电动机转轴形成电磁转矩，从而使固定不动的转子顺着旋转磁场的方向转动起来。

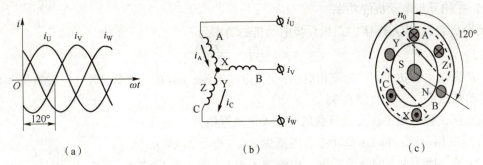

图 2-4-5　$\omega t = 120°$ 电流和磁场情况

(a) 三相电流波形；(b) 定子绕组电流方向；(c) 合成磁场方向

4）旋转磁场的旋转方向

（1）顺时针旋转。

电源以正序 U、V、W 接入定子时，电源电压相序：U→V→W，绕组内电流相序：i_A→i_B→i_C，磁场的旋转方向：A→B→C（顺时针）。

（2）逆时针旋转。

电源以相序 U、W、V 接入定子时，电源电压相序：U→W→V，绕组内电流相序：i_A→i_C→i_B，磁场的旋转方向：A→C→B（逆时针）。

因此，若要改变旋转磁场的旋转方向（亦即改变电动机的旋转方向）时，只要把定子绕组接到电源的三根导线中的任意两根对调即可。

3. 三相异步电动机工作电路

交流电路中的负载分为三相负载和单向负载。需三相电源同时供电的负载称为三相负载，三相异步电动机就属于三相负载；只需一相电源供电的负载称为单相负载，如照明负载、家用电器等。

1）三相异步电动机（三相负载）的供电接线方式

如图 2-4-6 所示，三相负载为三相四线制连接时即为星形（Y）接法，三相负载为三相三线制连接时即为三角形（△）接法。目前，中国三相异步电动机功率在 3 kW 以下的一般用星形接法，4 kW 及以上时均采用三角形接法，三角形接法的三相异步电动机又广泛采用星形降压起动，三角形运转。星形起动的目的是降低电动机的起动电流，减少对电网的冲击。星形起动时，加在定子每相绕组上的电压为电源电压 380 V 的 $1/\sqrt{3}$（220 V），待电动机转速接近额定转速时，转为三角形运转。

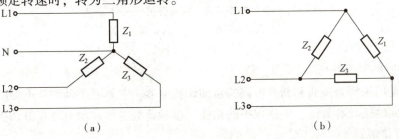

图 2-4-6　三相异步电动机的供电接线方式

(a) 三相负载星形接法；(b) 三相负载三角形接法

2) 三相异步电动机的功率

无论负载为Y或△连接，三相异步电动机的功率为

$$P = \sqrt{3}\, UI \cos\theta\eta$$

式中，P 为电动机功率；U 为三相电压；I 为电路电流；$\cos\theta$ 为功率因数（一般取值 0.85）；η 为电动机效率（一般取值 0.9）。

在实际工程应用中，交流负载的电流采用估算值：

（1）三相负载：每 1 kW 功率，电流为 2 A，即 2 A/kW；

（2）单相负载：每 1 kW 功率，电流为 4.5 A，即 4.5 A/kW。

2.4.2 动力开关与控制器

1. 按钮开关 SB

按钮开关简称按钮，通常用来接通和断开控制电路，它是电力拖动中一种发出指令的低压电器，应用十分广泛的一种主令电器。在电气自动控制电路中，用于手动发出控制信号以控制接触器、继电器、电磁启动器等。其特点是安装在工作进行中的机器、仪表中，大部分时间是处于初始自由状态的位置上，只是在有要求时才在外力作用下转换到第二种状态（位置），当外力一旦除去，由于弹簧的作用，开关就又回到初始位置。

按钮开关可以完成起动、停止、正反转、变速以及互锁等基本控制。如图 2-4-7 所示，通常每一个按钮开关有两对触点，每对触点由一个常开触点和一个常闭触点组成。当按下按钮，两对触点同时动作，常闭触点断开，常开触点闭合，从而实现了线路的远程控制功能。起动停止按钮开关颜色有红、绿、黑、黄、蓝、白等，如红色表示停止按钮，绿色表示起动按钮等。

起动、停止按钮开关的主要参数、形式、安装孔尺寸、触头数量及触头的电流容量，在起动、停止按钮开关说明书中都有详细说明。

(a)　　　　　　　　　　　　(b)

图 2-4-7　按钮开关

(a) 起动按钮开关；(b) 停止按钮开关

2. 交流接触器 KM

接触器是用来频繁接通和断开电路的自动切换电器，它具有手动切换电器所不能实现的遥控功能，同时还具有欠压、失压保护的功能，接触器的主要控制对象是电动机。

1) 交流接触器的组成

如图 2-4-8（b）所示，交流接触器的结构组成包括电磁系统和触点系统。

（1）电磁系统。

电磁系统的作用是产生电磁吸力，吸动动触点移动与静触点闭合，包括铁芯、衔铁、通电线圈。

（2）触点系统。

触点系统负责接通或断开控制电路，它包括三对主触点和两对辅助触点。

主触点：主触点有三对，每对触点又分为动触点和静触点，动触点与衔铁连成一体，一起动作。主触点多为常开触点，三对主触头体积较大，电流载流量大，多用作控制电机起动等控制。

辅助触点：辅助触点又分为常开（NO）和常闭（NC）触点。辅助触点体积较小，主要用于通断控制电路的小电流，辅助常开触点一般起自锁或联锁作用；辅助常闭触点在电路中一般起互锁作用。

（3）绝缘外壳及附件，各种弹簧、传动机构、短路环、接线柱等。

2）交流接触器的工作原理

当交流接触器线圈通入交流电后，铁芯和衔铁均被磁化，衔铁克服弹簧张力向左边吸合。固定在衔铁上的所有动触点随之向左移动，三对主触点闭合，辅助的常开触点（NO）闭合、辅助常闭触点（NC）打开。当电磁线圈失电后，铁芯和衔铁即刻失磁，衔铁在弹簧张力下复位，各动触点随之复位。交流接触器电路符号和文字符号如图2-4-8（c）所示。

3）交流接触器接线方式

交流接触器接线方式在接触器上都有标注，一般标有 1/L1、3/L2、5/L3 为接触器主触点的进线接线柱，标有 2/T1、4/T2、6/T3 为接触器主触点的出线接线柱，A1、A2 为线圈接线柱，I3、I4 表示接触器的辅助常开触点 NO 接线柱，I5、I6 表示接触器辅助常闭触点 NC 接线柱。

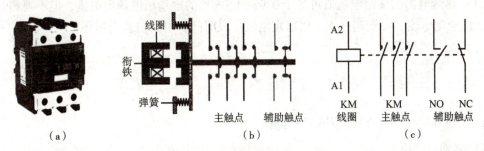

图 2-4-8 交流接触器原理及符号

（a）实物；（b）原理图；（c）符号

3. 热继电器 FR

热继电器是用于电动机或其他电气设备、电气线路的过载保护电器。

1）组成

如图 2-4-9（a）所示，热继电器主要由热元件和输出的辅助触点两部分组成。

（1）热元件。

工作时把热元件串联在电路的主回路中，热元件由不同膨胀系数双金属片和加热线圈构成。当电动机过载时，通过发热元件的电流超过整定电流，双金属片受热向上弯曲脱离扣板，使常闭触点断开。

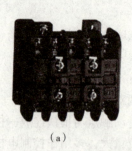 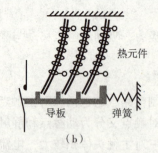 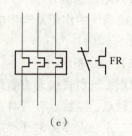

(a) (b) (c)

图 2-4-9 热继电器 FR 实物、原理和符号

(a) 实物；(b) 原理；(c) 符号

（2）辅助触点。

热继电器辅助触点通常是一个常开（NO）、一个常闭（NC），用于电动机起动器的控制回路中。辅助触点的"NC"触头组可串联在控制电路的供电线路中（同"停止"按钮串联），一旦电动机过载，辅助触点的"NC"触头就会切断控制回路的电源，使电动机停止运转。

2）工作原理

如图 2-4-9（b）所示，热继电器的工作原理是由流入热元件的电流产生热量，使有不同膨胀系数的双金属片发生形变，当形变达到一定距离时，就推动连杆动作，使控制电路断开，从而使接触器失电，主电路断开，实现电动机的过载保护。热继电器符号如图 2-4-9（c）所示。

热继电器动作后，双金属片经过一段时间冷却，按下复位按钮即可复位。

4. 交流接触器和热继电器的选择

（1）热继电器的整定电流值可等于 0.95～1.05 倍的电动机的额定电流，但不要超过 1.2 倍电动机额定电流，一般超过 1.2 倍额定电流一段时间，电动机就会损坏。

（2）交流接触器取 1.5～2 倍电动机额定电流。

2.4.3 三相异步电动机控制电路

1. 三相异步电动机直接启动控制电路

1）起动电动机

如图 2-4-10 所示，合上三相空气断路器 QF，按起动按钮 SB2，接触器 KM1 的吸引线圈得电，三对常开主触点闭合，将电动机 M 接入电源，电动机开始起动。同时，与 SB2 并联的 KM1 的常开辅助触点 NO 闭合，即使松手断开 SB2，吸引线圈 KM1 通过其辅助触点 NO 可以继续保持通电，维持吸合状态。凡是接触器（或继电器）利用自己的辅助触点 NO 来保持其线圈带电的，称之为自锁（自保），这个触点称为自锁（自保）触点。由于 KM1 的自锁作用，当松开 SB2 后，电动机 M 仍能继续起动，最后达到稳定运转。

2）停止电动机

按停止按钮 SB1，接触器 KM1 的线圈失电，其主触点和辅助触点均断开，电动机脱离电源，停止运转。这时，即使松开停止按钮，由于自锁触点断开，接触器 KM 线圈不会再通电，电动机不会自行起动。只有再次按下起动按钮 SB2 时，电动机方能再次起动运转。

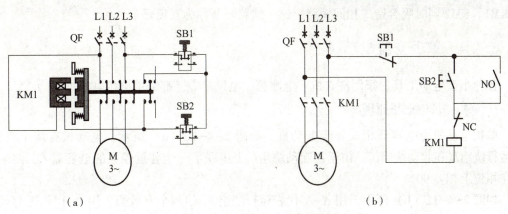

图 2-4-10　三相异步电动机直接起动电路
(a) 电路演示图；(b) 电路图

2. 三相异步电动机正反转控制

电动机要实现正反转控制，将其电源的相序中任意两相对调即可（称为"换相"），通常是 V 相不变，将 U 相与 W 相对调。为此，需要使用两个分别用于正转和反转的接触器 KM1、KM2，对这个电动机进行电源电压相的调换。

如图 2-4-11 所示，如果正转用电磁接触器 KM1，电源和电动机通过接触器 KM1 主触头，使L1相和 U 相、L2相和 V 相、L3相和 W 相对应连接，电动机正向转动。如果接触器 KM2 动作，电源和电动机通过 KM2 主触头，使L1相和 W 相、L2相和 V 相、L3相和 U 相分别对应连接，因为L1相和L3相交换，所以电动机反向转动。

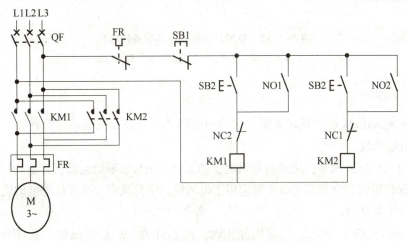

图 2-4-11　三相异步电动机正反转控制

为了保证两个接触器动作时能够可靠调换电动机的相序，接线时应使接触器的上口接线保持一致，在接触器的下口调相。由于将两相相序对调，故须确保两个 KM1、KM2 线圈不能同时得电，否则会发生严重的相间短路故障。因此，两个交流接触器必须采取互锁。接触器的互锁是通过将 KM1 线圈回路串入 KM2 的常闭辅助触点，KM2 线圈回路串入 KM1 的常闭触点。当正转接触器 KM1 线圈通电动作后，KM1 的辅助常闭触点 NC1 断开了 KM2 线圈回路，若使 KM1 得电吸合，必须先使 KM2 断电释放，其辅助常闭触头 NC1 复位，这就防止了 KM1、KM2 同时吸合造成相间短路，这一线路环节称为互锁环节。

2.4.4 单项交流电动机

各种小型电动工具、家用洗衣机、电冰箱、电风扇等，都采用单相电动机。

1. 单相交流电动机原理

单相电动机为电容分相式异步电动机。如图 2-4-12（a）所示，电动机有两个绕组，即运行绕组 L_1 和起动绕组 L_2。由于在起动绕组 L_2 上串联了一个容量较大的电容器 C，两个绕组在相位上相差 90°。

如图 2-4-11（b）所示，用 A-A′ 代表运行绕组 L_1 的两个有效边，用 B-B′ 代表起动绕组 L_2，两个绕组在空间相隔 90°。起动时，B-B′绕组经电容接电源，两个绕组的电流相位相差近 90°，使定子与转子之间的气隙中产生一个随时间空间位置不断变化的旋转磁场，在旋转磁场的作用下，电动机转子中产生感应电流，电流与旋转磁场互相作用产生电磁场转矩，使电动机旋转起来。

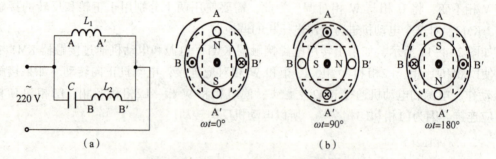

图 2-4-12　单相异步电机电路和旋转磁场
（a）单相电动机电路；（b）单相电动机旋转磁场

2. 单相交流电动机分类

单相交流电动机按起动方式大概分为分相起动式和离心开关起动式两种。

1）分相起动式

如图 2-4-13（a）所示，电动机起动时，由起动绕组 L_2 来辅助起动，其起动转矩不大，运转速率大致保持定值。分相起动式主要应用于电风扇、空调风扇、洗衣机等电动机。

2）离心开关起动式

如图 2-4-13（b）所示，电动机静止时，离心开关 SW 是接通的，起动开关 SB 闭合后，起动电容 C_2 参与起动工作，当转子转速达到额定值的 70%~80% 时离心开关 SW 便会自动跳开，起动电容完成任务。而运行电容串接到起动绕组 L_2 参与运行工作。这种接法一般用在空气压缩机、切割机、木工机床等负载大而不稳定的地方。

3. 单相电动机正反转控制

通常这种正反转控制电动机的起动绕组与运行绕组的电阻值是一样的，就是说电动机的起动绕组与运行绕组是线径与线圈数完全一致的，一般洗衣机用这种电动机。这种正反转控制方法简单，不用复杂的转换开关。

当这个串了电容器的起动线圈与运转线圈并联时,并联的两对接线头的头尾决定了正反转。

4. 单相电动机接线

单相电动机里面有两组线圈,一组是运转绕组,另一组是起动绕组,大多数电动机的起动线圈并不是起动后就不用了,而是一直工作在电路中的。起动线圈电阻比运转线圈电阻大些,量一下就知道了。起动线圈串联了电容器,也就是串联了电容器的起动线圈与运转线圈并联,再接到 220 V 电压上,这就是电动机的接法。

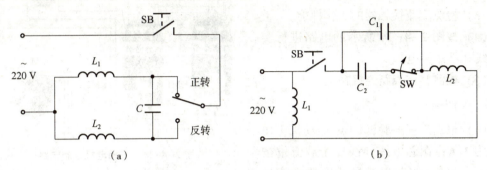

图 2-4-13　单相交流电动机运行方式
（a）分相起动式；（b）离心开关起动式

2.4.5　知识点小结（表 2-5）

表 2-5　知识点小结

名称	功能	基本组成	原理	符号
三相电动机	电能转化为机械能	定子和转子	定子产生旋转磁场,闭合转子绕组切割磁力线产生感应电流,转子绕组处在磁场中,受到电磁力的作用而形成了电磁转矩	M 3~
接触器	控制电路通断	电磁系统和触点系统	通过控制触点磁化线圈通断电来控制触点开闭,从而控制主电路通断	KM
热继电器	电气设备、电气线路的过载保护	热元件和输出的辅助触点	过载时,流入热元件的电流产生热量,发生形变,形变推动连杆动作,使控制电路断开,从而使接触器失电,主电路断开,实现电动机的过载保护	FR
单相交流电动机	电能转化为机械能	工作绕组、起动绕组、起动电容	定子产生旋转磁场,闭合转子绕组切割磁力线产生感应电流,转子绕组处在磁场中,受到电磁力的作用而形成了电磁转矩	M ~

任务实施

1. 准备工作

按照任务要求准备：4 kW 电动机 1 台,3P 空气断路器 1 个,1P 空气断路器 1 个,起动按钮 2 个，停止按钮 1 个，交流接触器 2 个，相应型号和颜色导线若干，万用表、剥线钳等工具。

2. 操作流程

（1）根据用电器功率和接线规范，选择合适的空气开关和交流接触器以及接线型号和颜色。

（2）检测空气断路器的工作性能。

（3）检测交流接触器的工作性能。

（4）按图 2-4-14 所示的电路进行实物接线（不用接电）。

（5）检测整体线路连接情况。

3. 操作提示

（1）根据工程经验，1 kW 电动机工作电流为 1 A；铜芯电缆导线安全载流量按 6 A/mm² 计算，铝芯电缆导线安全载流量按 4 A/mm² 计算。

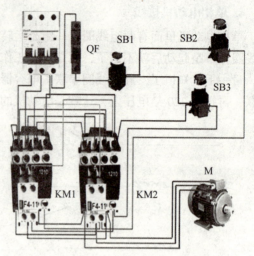

图 2-4-14　三相电机控制电路

（2）主电路：空气断路器引出三根火线，接交流接触器进线端 L1、L2、L3，交流接触器出线端 T1、T2、T3 接到电动机。

（3）控制电路：看接触器线圈的电压（有 220 V、380 V、24 V 三种）。用两根线分别接在停止按钮的两端，这两根线，一条做记号"1"先不管，另一根做记号"2"接到起动按钮的一边，起动按钮的另一边做记号"3"接到接触器线圈 A2 接线端子上，再从 A1 的接线端子上引一根线做记号"4"先不管也放着。下面来接接触器上自锁线，从记号"2"的线上引一条出来接到接触器的 13NO 的接线端子上，这个记号也是"2"，再用一根线把接触器 A2 和接触器的 14NO 连起来，再把记号"1"和"4"分别接在接触器的合适电源的火线和零线（或是正极和负极）上，1 接火线或者正极，4 接零线或者负极。

复习与思考题

（1）低压配电线路中交流接触器可以起到（　　）保护。

A. 过载　　　　　　　B. 短路　　　　　　　C. 失压

（2）热继电器双金属片受热后将发生（　　）变形。

A. 膨胀　　　　　　　B. 伸长　　　　　　　C. 弯曲

（3）三相异步电动机定子三相绕组的作用是在通以三相交流电时，在电动机内部产生（　　）。

A. 脉振磁场　　　　　B. 交变磁场　　　　　C. 旋转磁场

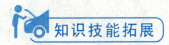

1. 三相电动机不能正常起动故障诊断

（1）原因之一，检查控制熔断器 FU 是否断路，热继电器 FR 接点是否用错或接触不良，SB1 按钮的常闭接点是否不良。原因之二，按钮互锁的接线有误。

（2）起动时接触器"叭哒"就不吸了，这是因为接触器的常闭接点互锁接线有错，将互锁接点接成了自锁了，起动时常闭接点是通的，接触器线圈的电吸合接触器吸合后常闭接点又断开，接触器线圈又断电释放，释放常闭接点又接通，接触器又吸合，接点又断开，所以会出现"叭哒"接触器不吸合的现象。

（3）不能够自锁，一抬手接触器就断开，这是因为自锁接点接线有误，电动机可逆运行控制电路为了使电动机能够正转和反转，可采用两只接触器 KM1、KM2 换接电动机三相电源的相序，但两个接触器不能吸合，如果同时吸合将造成电源的短路事故。为了防止这种事故，在电路中应采取可靠的互锁。

2. 单相交流电动机四条引线的判别

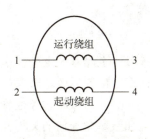

如图 2-4-15 所示，四条单相电动机的引线 1、3 是运行绕组，2、4 是起动绕组。由于起动绕组线圈的电阻比运行绕组线圈的电阻大，可以通过测量电阻的方法进行判断。由于两绕组线圈电阻值都很小，可以用万用表的蜂鸣挡测量任意两条引线，电阻大的为起动绕组，如果电阻为无穷大，则不是一个绕组线圈。

图 2-4-15　单相交流电动机引线

项目三　模拟电路的检测

 项目引入

随着汽车信息化和智能化发展，电子技术得到广泛应用，电子技术包括模拟电子技术和数字电子技术，而数字电子技术必须依靠模拟器件进行沟通。如果说数字电路好比人的大脑，那么，模拟电路就好像是人的眼睛、耳朵、嘴巴、鼻子、手脚一样，对模拟信号进行传输、变换、处理、放大、测量和显示输出，注重研究的是输入和输出模拟信号间的大小及相位关系。在汽车电控系统开发、设计、检测和维修过程中，都需要进行模拟电路的检测。模拟电路检测项目主要介绍二极管、三极管、场效应管以及电源电路、放大电路、信号电路、运算电路等应用电路的相关知识和检测方法。本项目依据典型的职业工作内容和"1+X"证书制度要求，设计4个教学任务，将相关知识和技能融入各个任务中，培养学生模拟电子电路分析能力、制作能力以及检测仪器仪表使用能力、技术资料查询和创新能力。

任务 3.1　直流稳压电路性能检测

 任务引入

汽车电器和电控系统都采用直流供电，而汽车发电机输出是交流电，需要直流稳压电路将交流电转变为稳定的直流电。在直流稳压电路检测时，需检测电路各级输出性能。请检测直流稳压电路：

(1) 变压器输出电压 u_2；

(2) 整流输出电压 U_D；

大国工匠　案例九

(3) 滤波输出电压 U_C；

(4) 稳压输出电压 U_Z。

为了完成直流稳压电源电路性能检测任务，应了解直流稳压电源电路相关理论知识和检测方法。

相关理论知识

3.1.1 半导体

1. 导体、绝缘体和半导体

如图 3-1-1 所示，自然界的物质都是由原子构成的，原子又是由原子核和核外电子构成的，原子质量的 99.9% 以上集中在原子核内，原子核中有质子和中子，其中质子带正电，中子不带电，绕原子核高速旋转的电子带负电。原子结构中，正、负电荷所带电量相等，因此原子呈中性。

图 3-1-1　导体、绝缘体、半导体原子结构

(a) 导体；(b) 绝缘体；(c) 半导体

1) 导体

自然界中能够导电的物体称为导体，如金属一般都是导体。如图 3-1-1 (a) 所示，导体的外层电子数很少且距离原子核较远，因此受原子核的束缚力很弱，极易挣脱原子核的束缚游离到空间成为自由电子，即导体的特点就是内部具有大量的自由电子。科学证实，物体能否导电，取决于是否存在游离的自由电子或离子。

2) 绝缘体

自然界中不导电的物体称为绝缘体，如橡胶、陶瓷、塑料和石英一般都是绝缘体。如图 3-1-1 (b) 所示，绝缘体外层电子数通常为 8 个，且距离原子核较近，因此受到原子核很强的束缚力而无法挣脱，形成稳定原子结构。这种结构中不存在自由电子，因此不导电。

3) 半导体

另有一类物质的导电特性处于导体和绝缘体之间，称为半导体，如锗、硅、砷化镓和一些硫化物、氧化物等。如图 3-1-1 (c) 所示，半导体的外层电子数一般为 4 个，处于半稳定状态，其导电性界于导体和绝缘体之间。

2. 本征半导体

天然的硅和锗经过高度提纯，形成不含其他杂质且具有晶体结构的半导体，称为本征半导体。将硅或锗材料提纯便形成单晶体，原子核最外层的价电子都是 4 个，称为四价元素，它们排列成非常整齐的晶格结构。在本征半导体的晶格结构中，每一个原子均与相邻的4个原子结合，即与相邻4个原子的价电子两两组成电子对，构成共价键结构。共价键中的两个电子称为价电子。半导体介于导体和绝缘体之间，当温度 $T=0\,\mathrm{K}$ 时，半导体不导电，如同绝缘体。但温度条件发生变化时，本征半导体也可以导电。本征半导体的导电机理有自由电子导电和空穴导电两种形式。

1）自由电子导电

从共价键晶格结构来看，每个原子外层都具有8个价电子。但价电子是相邻原子共用，所以稳定性并不能像绝缘体那样好，受光照或温度等因素影响，共价键中价电子的热运动加剧，一些价电子会挣脱原子核的束缚游离到空间成为自由电子。同时，共价键中留下一个空位，称为空穴。失去电子的原子成为晶体中固定不动的带正电离子，这一现象称为本征激发。温度越高，晶体中产生的自由电子便越多。

2）空穴导电

受光照或温度上升影响，共价键中其他一些价电子直接跳进空穴，使失去电子的原子重新恢复电中性。价电子填补空穴的现象称为复合。参与复合的价电子又会留下一个新的空穴，而这个新的空穴仍会被邻近共价键中跳出来的价电子填补上，这种价电子填补空穴的复合运动使本征半导体中又形成一种不同于本征激发下的电荷迁移，为区别于本征激发下自由电子载流子的运动，我们把价电子填补空穴的复合运动称为空穴载流子运动。空穴是虚拟的，空穴导电的实质是价电子填补空穴的复合运动，仍然是电子运动。

3. 杂质半导体

在本征半导体中掺入某些杂质（磷或硼）元素，形成杂质半导体，导电能力会有明显改变，可做成各种不同用途的半导体器件。

1）N型半导体

如图3-1-2（a）所示，在本征半导体硅或锗中掺入五价磷元素，原来晶体中的某些硅原子将被磷原子代替。磷原子最外层有5个价电子，其中4个与硅构成共价键，多余的一个电子只受自身原子核吸引，在室温下即可成为自由电子。掺入五价磷元素后，自由电子数目大量增加，自由电子导电成为这种半导体的主要导电方式，称为电子半导体，也叫作N型半导体。在N型半导体中自由电子是多数载流子，空穴是少数载流子。

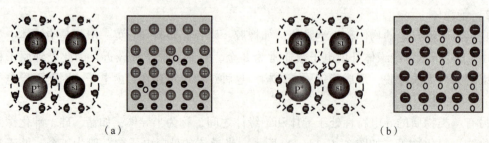

图 3-1-2 杂质半导体

(a) N型半导体；(b) P型半导体

2）P型半导体

如图3-1-2（b）所示，在本征半导体硅或锗中掺入三价硼元素，原来晶体中的某些硅原子将被硼原子代替。硼原子最外层只有3个价电子，在与硅构成共价键时，少一个电子，就会从相邻硅原子抢夺电子，从而形成空穴。掺入三价硼元素后，空穴数目大量增加，空穴导电成为这种半导体的主要导电方式，称为空穴半导体或 P 型半导体。在 P 型半导体中空穴是多数载流子，自由电子是少数载流子。

3.1.2 PN 结

1. PN 结形成的过程

如图 3-1-3（a）所示，在一块半导体单晶上一侧掺杂成为 P 型半导体，另一侧掺杂成为 N 型半导体，由于 P 型半导体（P 区）的多数载流子为空穴，N 型半导体（N 区）的多数载流子为电子，在两个区域的交界处 P 区的多数载流子空穴向 N 区扩散，N 区的多数载流子电子向 P 区扩散。这样，在两个区域的交界处就形成了如图 3-1-3（b）所示的一个耗尽层（空间正负电荷薄区），称为 PN 结。

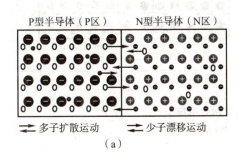
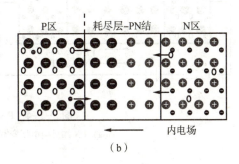

图 3-1-3　PN 结的形成

(a) 载流子的运动；(b) 耗尽层 PN 结形成

PN 结形成的过程是多数载流子的扩散和少数载流子的漂移共存的结果。开始时，由于两侧多数载流子的浓度差较大，扩散运动占优势，随着扩散运动的进行，使空间电荷区（PN）加宽，内电场增强。内电场的增强一方面抑制了多数载流子的扩散运动；另一方面又促使了少数载流子的漂移运动，P 区的少数载流子电子向 N 区漂移，补充了交界面上 N 区失去的电子，同时，N 区的少数载流子空穴向 P 区漂移，补充了原交界面上 P 区失去的空穴。显然，漂移运动减少了空间电荷区带电离子的数量，削弱了内电场，使 PN 结变窄。最后，扩散运动和漂移运动达到动态平衡，耗尽层（空间电荷区）的宽度基本稳定，即 PN 结形成。

2. PN 结的单向导电性

1）PN 结加反向电压（反向偏置）

如图 3-1-4（a）所示，当将 N 区接电源正极、P 区接电源负极时，外电场与内电场方向相同，内电场被加强，PN 结变宽。这样，多数载流子的扩散受到阻止，不能形成扩散电流。但少数载流子的漂移却得到加强，由于少数载流子数量极少，形成很小的反向电流，称为漏电流。PN 结加反向电压时，反向电阻较大，反向电流较小，PN 结处于截止状态。

PN 结反向漏电流小是因为少数载流子数量少，如果受光照、温度或电场等外界因素影响，使少数载流子的数目增多，即使不加反向电压，在内电场的作用下，反向漏电流也会随之增大。

2）PN 结加正向电压（正向偏置）

如图 3-1-4（b）所示，当将 P 区接电源正极、N 区接电源负极时，外电场与内电场方向相反，内电场被削弱，PN 结变窄。这样，多数载流子的扩散得到加强，形成较大的扩散电流。因此，PN 结加正向电压时，正向电阻较小，正向电流较大，PN 结处于导通状态。多数载流子正向通过 PN 结（硅材料），需要约 0.7 V 的外加电压来克服内电场，这也是 PN 结正向导通的门电压（导通电压）。

PN 结的上述"正向导通，反向截止"作用，说明它具有单向导电性，PN 结的单向导电性是它构成半导体器件的基础。

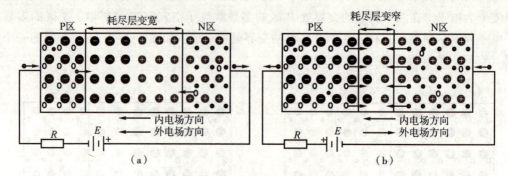

图 3-1-4　PN 结的单向导电性
(a) PN 加反向电压变宽；(b) PN 加正向电压变窄

3.1.3　二极管

二极管也称为晶体二极管，是由空穴型 P 型半导体和电子型 N 型半导体结合而成的 PN 结。二极管按照管芯结构，可分为点接触型二极管、面接触型二极管及平面型二极管；按照用途，可分为整流二极管、稳压二极管、发光二极管和光敏二极管等。

1. 二极管结构与符号

如图 3-1-5（a）所示，二极管就是利用 PN 结单向导电性，采用集成电路制作工艺，将 P 型半导体嵌入 N 型半导体中形成 PN 结，并在 N 型半导体和 P 型半导体引出正极与负极引线，就形成二极管。二极管的管芯结构有点接触型、面接触型及平面型三种，而且二极管有极性，使用时须注意极性不能接反，否则电路不能正常工作，还有毁坏管子和其他元件的可能。

2. 二极管的特性

二极管的特性就是单向导电性，即正向导通。当 PN 结加上正向电压，即 P 区接电源正极，N 区接电源负极时，PN 结处于导通状态。当 PN 结加上反向电压，即 P 区接电源负极，N 区接电源正极时，PN 结处于截止状态。如果在其两端分别加上正反向电压，并逐点测量流过其中的电流，就可以描绘出反映二极管两端电压和流过其中的电流之间的伏安特性曲线。图 3-1-5（b）所示为典型的二极管伏安特性曲线，注意图中正反向电压、电流的单位是不同的。

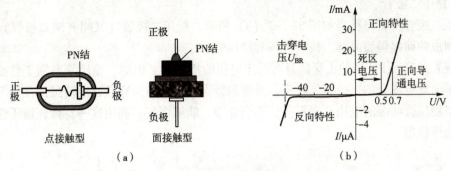

图 3-1-5 二极管结构符号和特性曲线

(a) 结构; (b) 伏安特性曲线

1) 正向特性

外加正向电压时,在正向特性的起始部分,正向电压很小,不足以克服 PN 结内电场的阻挡作用,正向电流几乎为零,这一段称为死区。这个不能使二极管导通的正向电压称为死区电压。当正向电压大于死区电压以后,PN 结内电场被克服,二极管导通,电流随电压增大而迅速上升。在正常使用的电流范围内,导通时二极管的端电压几乎维持不变,这个电压称为二极管的正向电压。

2) 反向特性。

在电子电路中,二极管的正极接在低电位端,负极接在高电位端,此时二极管中几乎没有电流流过,此时二极管处于截止状态,这种连接方式称为反向偏置。如图 3-1-5(b) 所示,二极管处于反向偏置时,仍然会有微弱的反向电流流过二极管,称为漏电流。当二极管两端的反向电压增大到某一数值,反向电流会急剧增大,二极管将失去单向导电特性,这种状态称为二极管的击穿,此时的反向电压称为反向击穿电压 U_{BR}。一般普通的二极管反向击穿后将因反向电流过大而损坏。

3. 二极管的分类与应用

1) 整流二极管

整流二极管实物和符号如图 3-1-6(a) 所示。二极管最重要的特性就是单方向导电性。在电路中,电流只能从二极管的正极流入,负极流出。如图 3-1-5(b) 所示,整流二极管就是利用二极管单向导电性把交流电转变成脉动直流电。整流二极管主要用于各种低频半波整流电路,如需达到全波整流则需连成整流桥使用。

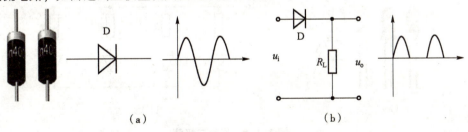

图 3-1-6 整流二极管

(a) 实物和符号; (b) 整流电路与输入输出波形

2) 稳压二极管

稳压二极管实物与符号如图 3-1-7（a）所示。稳压二极管（又叫齐纳二极管）是一种硅材料制成的面接触型晶体二极管，简称稳压管。

稳压管是利用 PN 结的击穿区具有稳定电压的特性来工作的。稳压管有别于整流、检波和其他单向导电场合的二极管。稳压二极管的特点就是反向击穿后，电流虽然在很大范围内变化，但稳压管两端的电压几乎不变，不会烧毁，能够恢复。利用这一特性，稳压管在电路中能起稳压作用。

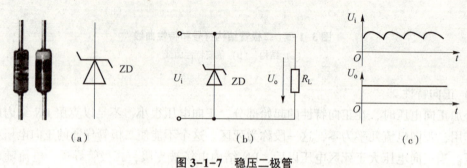

图 3-1-7　稳压二极管
(a) 实物与符号；(b) 稳压电路；(c) 稳压波形

在电路中，要想让稳压管起稳压作用，必须将其反接在电路中（在电路中正接时的性能与普通整流二极管相同）。如图 3-1-7（b）所示，稳压管的稳压值 U_z 为 5 V，若外加电压 U_i 小于稳压值 5 V，稳压管不能导通，处于截止状态，无稳压功能；若外加电压 U_i 大于稳压值 5 V，只要 U_i 有很少一点增长，就会使流过稳压管的电流 I_z 急剧增加，使得负载电流 I_L 急剧减小，限制负载 R_L 上的电压 U_o 增大，保持负载电压 U_o 基本不变，起到稳定电压的作用。稳压前后波形如图 3-1-7（c）所示。

3) 发光二极管

发光二极管简称 LED，是半导体二极管的一种，可以把电能转化成光能。发光二极管与普通二极管一样是由一个 PN 结组成，也具有单向导电性。当给发光二极管加上正向电压后，从 P 区注入 N 区的空穴和由 N 区注入 P 区的电子，在 PN 结附近数微米内分别与 N 区的电子和 P 区的空穴复合，产生自发辐射的荧光。不同的半导体材料中电子和空穴所处的能量状态不同。当电子和空穴复合时释放出的能量多少不同，发出的光的波长也不同，由此产生不同颜色发光二极管。发光二极管实物与符号如图 3-1-8（a）所示。

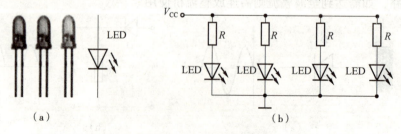

图 3-1-8　发光二极管
(a) 实物与符号；(b) 工作电路

一般的小功率 LED 工作电压范围：红、黄、普绿、橙色为 1.8~2.4 V，蓝、白、翠绿为 2.8~3.5 V，标准测试电流为 20 mA。如图 3-1-8（b）所示，LED 需串联一定阻值的限流电阻接到电源上使用。

4）光电二极管

光电二极管和普通二极管一样，也是由一个 PN 结组成的半导体器件，也具有单向导电特性。但是，在电路中不是用它作整流元件，而是通过它把光信号转换成电信号。

普通二极管在反向电压作用下处于截止状态，只能流过微弱的反向电流，光电二极管在设计和制作时采用平面接触，尽量使 PN 结的面积相对较大，以便接收入射光。光电二极管是在反向电压作用下工作，没有光照时，反向电流极其微弱，称为暗电流；有光照时，反向电流迅速增大到几十微安，称为光电流。光的强度越大，反向电流也越大。光的变化引起光电二极管电流变化，这样就可以把光信号转换成电信号，成为光电传感器件。

3.1.4 直流稳压电路

直流稳压电路也叫直流稳压电源，它是由变压器降压、二极管整流、电容滤波和稳压电路做成。

1. 整流电路

整流电路是利用二极管的单向导电性，将交流电变换成单向脉动直流电的电子电路。整流电路可分为半波、全波、桥式和倍压整流以及单相和三相整流等。

1）单相半波整流电路

单相半波整流电路如图 3-1-9（a）所示，它是最简单的整流电路，由降压变压器、整流二极管 D 和负载 R_L 组成。

利用二极管的单向导电性，在变压器副边电压 u_i 为正的半个周期内，二极管正向偏置，处于导通状态，负载 R_L 上得到半个周期的直流脉动电压和电流；而在 u_i 为负的半个周期内，二极管反向偏置，处于关断状态，电流基本上等于零，即

(1) 当 u_i 上正、下负时，二极管正偏导通，负载 R_L 有电流流过；

(2) 当 u_i 下正、上负时，二极管反偏截止，负载 R_L 没有电流流过。

由于二极管的单向导电作用，将变压器副边的交流电压变换成为负载两端的单向脉动直流电压，达到整流目的，其波形如图 3-1-9（a）所示。经整流后，只有正半轴波形加在负载 R_L 上，因此，称为半波整流。

2）单相桥式全波整流电路

如图 3-1-9（b）所示，电路中采用四个二极管，互相接成桥式结构。利用二极管的电流导向作用，即

(1) 当 u_i 上正下负时，二极管 D1、D3 导通，D2、D4 截止，电流：

$$u_{i+} \to D1 \to R_L \to D3 \to u_{i-}$$

(2) 当 u_i 下正上负时，二极管 D2、D4 导通，D1、D3 截止，电流：

$$u_{i+} \to D2 \to R_L \to D4 \to u_{i-}$$

在交流输入电压 u_i 的正半周内，二极管 D1、D3 导通，D2、D4 截止，在负载 R_L 上得到上

正下负的输出电压。在负半周内则正好相反，D1、D3 截止，D2、D4 导通，流过负载 R_L 的电流方向与正半周一致。因此，利用四个二极管使得在交流电源的正、负半周内，整流电路的负载上都有方向不变的脉动直流电压和电流。

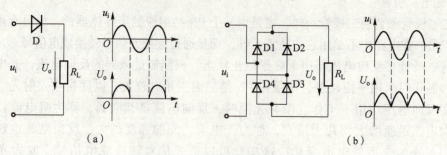

图 3-1-9 二极管整流电路与波形
(a) 半波整流电路与波形；(b) 全波整流电路与波形

2. 滤波稳压电路

电容单向脉动直流电滤波电路如图 3-1-10（a）所示，它是利用电容的充放电特性进行滤波的。由于电容两端电压不能突变，因而负载两端的电压也不会突变，使输出电压得以平滑，达到滤波的目的。

在脉动直流波形的上升段，电容 C 充电，储存电能，限制电压升高；在脉动直流波形的下降段，电容 C 放电，释放电能，补充电压下降，这样通过电容 C 的反复充放电实现了滤波作用。滤波电容 C 两端的电压波形如图 3-1-10（b）所示。最后经稳压管稳压后得到如图 3-1-9（c）所示的稳定直流电压。

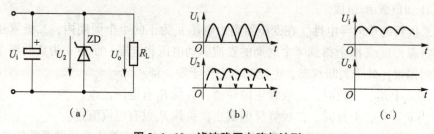

图 3-1-10 滤波稳压电路与波形
(a) 电路；(b) 滤波波形；(c) 稳压波形

3. 整流桥与三端稳压器

前面介绍的整流、滤波、稳压电路均采用分立元件实现，但对于电压精度要求较高的电路，将采用集成芯片整流桥和三端稳压器进行整流和稳压。它们具有外接元件少、使用方便、性能稳定、价格低廉等优点，因而得到广泛应用。

1）整流桥

整流桥就是将桥式整流的四个二极管集成封装在一起，只引出四个引脚。四个引脚中，两个直流输出端标有"+"或"−"，两个交流输入端有"AC"或"～"标记。整流桥实物和符号如图 3-1-11（a）所示。

2）三端稳压器

三端固定式集成稳压器是一种串联调整式稳压器。它将全部电路集成在单块硅片中，整个集成稳压器只有输入、输出和公共三个引出端。典型产品有 78 系列和 79 系列，78××的都是正电压输出，79××的都是负电压输出，输入电压一般不要太大，低于 36 V 以内。

三端稳压器的输出电压由具体型号中的后面两个数字代表，如 7805 代表输出电压为 +5 V 的三端稳压器，7915 代表输出电压为 -15 V 的三端稳压器。在数字 78 或 79 后面，还有 L、M、T、H 等后缀来表明输出电流。

三端稳压器引脚说明：字面向自己时，最左边是 1 脚，中间是 2 脚，最右边是 3 脚；接线时，1 脚接电压输入，2 脚接地，3 脚接电压输出。三端稳压器实物和符号如图 3-1-11（b）所示。

图 3-1-11　整流桥与三端稳压器

（a）整流桥；（b）三端稳压器

3.1.5　知识点小结

二极管的性能如表 3-1 所示。

表 3-1　二极管的性能

名称	功能	工作原理	基本参数	电路符号
整流二极管	单向导电	利用 PN 结单向导电性，正向导通，反向截止	峰值反压 平均电流 正向压降	D
稳压二极管	稳压	反向击穿后，电流虽然在很大范围内变化，但稳压管两端的电压几乎不变，不会烧毁，能够恢复	稳定电压 （U_z） 额定电流 （I_z）	ZD
发光二极管	发光	加上正向电压后，从 P 区注入 N 区的空穴和由 N 区注入 P 区的电子，在 PN 结与 N 区的电子和 P 区的空穴复合，产生自发辐射的荧光	工作电压 1.8～3.5 V 工作电流 5～20 mA	LED

直流稳压电路如表3-2所示。

表3-2 直流稳压电路

功能	电路	波形	电压平均值	电流平均值
半波整流	(图：二极管D与电阻R，u_i输入，U_o输出)	(图：u_i正弦波；U_o半波波形)	$U_o = 0.45 U_i$	I_o
桥式整流	(图：四个二极管组成桥式，u_i输入，U_o输出)	(图：u_i正弦波；U_o全波波形)	$U_o = 0.9 U_i$	$1/2 I_o$
电容滤波	(图：电容C，U_i输入，U_o输出)	(图：U_i脉动波形；U_o平滑波形)	$U_o = \sqrt{2} U_i$	I_o
稳压	(图：稳压二极管，U_i输入，U_o输出)	(图：U_i脉动波形；U_o直线)	$U_o = U_Z$	I_o

1. 准备工作

根据任务要求准备：12 V 单相变压器、1N4407 整流二极管 4 个、1N5388B 5 W 稳压二极管、100 μF 和 220 μF 电解电容、万用表、面包板和若干导线。

2. 操作流程

（1）在面包板上连接如图 3-1-12 所示电路；

（2）检测变压器输出电压 u_2；

（3）检测整流输出电压 U_D；

（4）检测滤波输出电压 U_C；

（5）检测稳压输出电压 U_Z；

（6）检测稳压输出电压 U_o；

（7）说明电容 C_1 和 C_2 在电路中的作用。

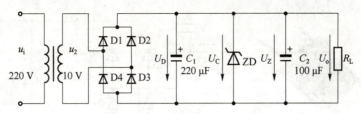

图 3-1-12　直流稳压电源电路

3. 操作提示

（1）变压器可用其他 12 V 交流电源代替。
（2）电容 C_1、C_2 为大容量电解电容，有极性要求。
（3）连接电源时，注意用电安全。

（1）在图 3-1-12 所示直流稳压电路中，电容 C_1 和 C_2 分别起（　　）作用。
A. 滤波和平滑电压波形　　　B. 滤波和稳压　　　C. 滤波和降压
（2）整流二极管与稳压管在电路中，（　　）。
A. 整流二极管与稳压管都正接
B. 整流二极管正接、稳压管反接
C. 整流二极管与稳压管都反接
（3）硅晶体二极管"死区电压"和正向导通电压分别为（　　）。
A. 0.5 V 和 0.7 V　　　　B. 0.2 V 和 0.3 V　　　C. 0.8 V 和 1.0 V
（4）如何提高 PN 结单向导电能力？

知识技能拓展

1. 阻容降压电路

前面介绍的直流稳压电路需要利用工频变压器降压后，再通过整流、滤波、稳压得到稳定低压直流电。但是有些时候，受空间尺寸和成本限制，我们就需要另外一种降低电压的电路——阻容降压电路。

如图 3-1-13 所示，阻容降压是利用电容在交流电路中产生的容抗来限制流过负载的电流，达到降压目的的电路。我们知道，电容对交流信号具有阻碍作用，所以在这里，电容 C_1 相当于一个电阻，其阻值大小是其容抗大小。串联在电路中的电阻（C_1 和 R_1 共同构成）可以限制后续电路最大电流。这个电流经全波整流电路整流后，送到稳压二极管稳压，限制最大输出电压，达到降压目的。对于阻容降压电路我们需要注意的元器件有三个，分别是泄放电阻 R_1、降压电容 C_1、稳压二极管 ZD。

例如，要输出 5.1 V 与 20 mA 阻容降压电路元器件参数计算：
根据公式 $I = U/Z_{C_1} = UI(1/2\pi fC_1)$ 可计算得 C_1 为 0.29 μF，选择接近的 0.33 μF 电容；R_1 可选择 1 MΩ；稳压二极管在没有负载时需承受 5.1 V × 0.023 A = 0.11 W 功率（电容为

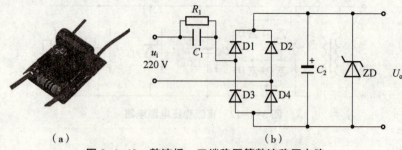

图 3-1-13 整流桥、三端稳压管整流稳压电路
(a) 阻容降压电路实物图；(b) 阻容降压电路

0.33 μF 时电流为 0.023 A)，稳压二极管大于这个功率即可。

注意：阻容降压电路输出和输入没有隔离，极易产生触电事故，使用最好是在不易接触的地方。

2. 三相交流桥式整流电路的整流过程

如图 3-1-14 所示，分析三相交流桥式整流电路的整流过程。

(1) t_1 时刻，i_A 为正、i_B 和 i_C 为负，电流流向 $u_A \to D2 \to R_L \to \begin{bmatrix} D4 \to u_B \\ D6 \to u_C \end{bmatrix} \to N \to u_A$；

(2) t_2 时刻，i_C 为正、i_B 和 i_A 为负，电流流向 $u_C \to D3 \to R_L \to \begin{bmatrix} D4 \to u_B \\ D5 \to u_A \end{bmatrix} \to N \to u_C$；

(3) t_3 时刻，i_B 为正、i_A 和 i_C 为负，电流流向 $u_B \to D1 \to R_L \to \begin{bmatrix} D5 \to u_A \\ D6 \to u_C \end{bmatrix} \to N \to u_B$。

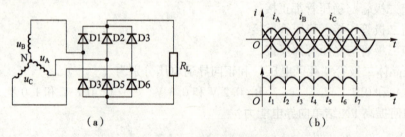

图 3-1-14 三相交流桥式整流电路与波形
(a) 桥式整流电路；(b) 波形

任务 3.2 模拟电路基本元件的检测

任务引入

在模拟放大电路和开关电路性能检测时，需检测三极管、场效应管和 IGBT 等放大电路和开关电路基本元件。因此，需了解模拟电路基本元件相关理论知识和检测方法。

大国工匠 案例十

相关理论知识

在模拟电路中，放大电路的基本元件主要包括三极管、场效应管和 IGBT。

3.2.1 三极管（BJI）

三极管全称晶体三极管，由于三极管是由半导体中的电子和空穴两种载流子参与导电，因此又称双极型晶体管。三极管是电流控制放大半导体器件，其主要作用把微弱电信号放大成幅值较大的电信号，也用作无触点开关。

1. 三极管的基本结构

如图3-2-1（a）所示，三极管制作过程采用光刻、扩散等工艺在同一块半导体（硅或锗）基片上通过不同的掺杂形式形成三个区，分别称为发射区、基区和集电区；两个PN结，分别称为发射结（基区与发射区之间的PN结）和集电结（基区与集电区之间的PN结）；由三个区分别引出三个电极，称为基极（用字母b表示）、集电极（用字母c表示）和发射极（用字母e表示），这样就制成一个三极管。三极管分为NPN型和PNP型两种，由两块N型半导体中间夹着一块P型半导体组成NPN型三极管，由两个P型半导体中间夹着一块N型半导体组成PNP型三极管。PNP型三极管结构与符号如图3-2-1（b）所示。晶体管三个区制造工艺有明显不同的特征。

（1）发射区：作用是发射载流子。其特点是掺杂浓度很高，以便有足够的载流子供"发射"。

（2）基区：作用是传输载流子。其特点是基区做得很薄，且掺杂浓度较低。为减少载流子在基区的复合机会。

（3）集电区：作用是接受载流子。体积较大，为了顺利收集边缘载流子，掺杂浓度最低。

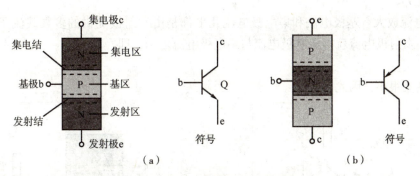

图 3-2-1 三极管基本结构与符号
(a) NPN型三极管结构与符号；(b) PNP型三极管结构与符号

2. 三极管放大原理

以NPN型三极管为例介绍其放大原理。要使NPN型三极管实现放大功能，必须满足其发射结正向偏置，集电结反向偏置的两个基本放大条件。如图3-2-2（a）所示，由基极电源E_2通过基极电阻R_b给发射结加正向电压$U_{be}>0$（满足发射结正向偏置），由集电极电源E_1通过集电极电阻R_c给集电结加反向电压$U_{cb}>0$（满足集电结反向偏置）。在满足晶体三极管两个基本放大条件后，就可以从图3-2-2（b）所示的三极管载流子运动规律来描述其电流的形成和放大原理。

1) 发射极电流 I_e 的形成

由于发射结加正向电压 U_{be}，使发射结正向偏置，发射区的多数载流子电子通过扩散运动越过发射结进入基区，由于电源 E_1 的负极不断向发射区补充电子，便形成发射极电流 I_e。同时，基区多数载流子空穴也向发射区扩散，但由于基区空穴数量远远低于发射区扩散的电子，可以不考虑这个电流，因此可以认为发射结主要是电子流。

2) 基极电流 I_b 的形成

发射区电子进入基区后，由于基区（P型区）掺杂浓度低且很薄，空穴数量极少，只有很小一部分电子与基区空穴复合形成基极电流 I_b，因此基极电流很小。大部分电子集聚在基区，这样就使基区本来是少数载流子的电子数量大大增加。

3) 集电极电流 I_c 的形成

由于集电结加反向电压 U_{cb}，使集电结反向偏置，集电结反向偏置虽然阻止了多数载流子载流的扩散运动，却使少数载流子漂移运动增强，只是原本的基区（P型区）少数载流子电子的数量太少，形成的反向漏电流也很小，但此时由于基区有大量从发射区扩散的自由电子集聚，使得原本属于P型区少数载流子的自由电子大量增加，这样，通过基区大量"少数载流子"的漂移运动就形成较大集电极电流 I_c。集电区的少数载流子（空穴）也会产生漂移运动，流向基区形成反向饱和电流，其数值很小，但对温度却异常敏感。

综上所述，三极管的放大原理可以概括为满足放大条件，形成各极电流，实现电流放大。

(1) 放大条件：发射结正偏，集电结反偏。

(2) 电流形成：扩散运动形成发射极电流 I_e，复合运动形成基极电流 I_b，漂移运动形成集电极电流 I_c。

(3) 电流放大：基极电流和集电极电流几乎都是由发射极提供的多数载流子电子形成的。因此，发射极电流就等于基极电流与集电极电流之和，即

$$I_e = I_b + I_c$$

由于基极电流很小，因此 $I_e \approx I_c$。

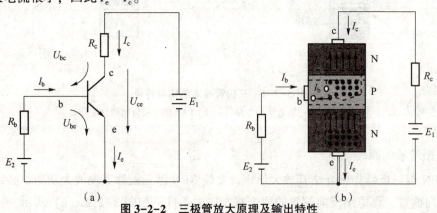

图 3-2-2 三极管放大原理及输出特性
(a) 放大电路；(b) 载流子的运动规律

实验证实，三极管输入一个很小的基极电流 I_b，就可在集电极输出放大几十倍或几百倍的集电极电流 I_c。三极管的放大能力常用电流放大倍数来衡量，三极管的电流放大倍数又称

三极管的电流分配系数,用字母 β 表示。在数值上等于集电极电流与基极电流之比,即

$$\beta = \frac{I_c}{I_b} \quad \text{或} \quad I_c = \beta I_b$$

由于 $I_c = \beta I_b$,所以很小的 I_b 控制着比它大 β 倍的 I_c。I_c 不是由三极管产生的,是由电源 U_{CC} 在 I_b 的控制下提供的,所以说三极管起着能量转换作用,"以小控制大,以弱制强"。只要晶体管结构确定,电流放大倍数 β 值就是定值。β 值也和三极管的其他参数一样,跟温度有密切的关系,温度升高,β 值相应变大。

3. 三极管的工作特性

三极管的工作状态是由三极管工作特性决定的,三极管的工作特性一般用输入和输出特性曲线来描述。输入和输出特性曲线可以反映三极管各电极电压和电流之间相互关系的特性。根据三极管特性曲线分析可知,三极管具有截止、放大和饱和三种工作状态。

1) 三极管输入特性曲线

输入特性曲线表示当 e 极与 c 极之间的电压 U_{ce} 保持(1 V)不变时,输入电流(即基极电流 I_b)和输入电压(即基极与发射极间电压 U_{be})之间的关系曲线如图 3-2-3(a)所示。晶体三极管的输入特性曲线与二极管的正向伏安特性相同,在正常工作时,发射结 U_{be} 很小,硅管发射结电压 U_{be} 在 0.7 V 左右。

2) 三极管输出特性曲线

输出特性曲线表示基极电流 I_b 一定时,三极管输出电压 U_{ce} 与输出电流 I_c 之间的关系曲线,如图 3-2-3(b)所示。图 3-2-3(b)中的每条曲线表示,当固定一个 I_b 值时,调节 R_c 所测得的不同 U_{ce} 下的 I_c 值。根据输出特性曲线,三极管的工作状态分为三个区域。

(1) 截止区:当基射极电压 U_{be} 小于死区电压(硅管为 0.5 V)时,发射结不能导通,基极电流 $I_b = 0$,$I_c = \beta I_b$ 也趋近于 0,此时三极管处于截止状态,相当于开关断开。

(2) 放大区:当基射极电压 U_{be} 达到导通电压(硅管为 0.7 V)时,发射结开始导通,有基极电流 I_b,而且基极电流 I_b 有轻微的微安(μA)级变化,就会在 I_c 上有几十甚至几百倍的毫安级(mA)放大。

(3) 饱和区:当基射极电压 U_{be} 高于饱和电压(硅管为 1 V)时,I_b 达到最大,I_c 变得很大,并且维持在一个最大值而不再增大了,此时三极管失去了放大功能,处于饱和导通状态,相当于开关导通。

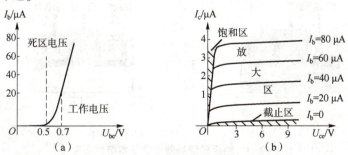

图 3-2-3 三极管特性曲线

(a) 输入特性曲线;(b) 输出特性曲线

4. 三极管的主要作用

三极管工作中有三个状态,即截止状态、放大状态、饱和状态。模拟电路中常常利用三极管的放大状态来进行信号的放大,数字电路中常常利用三极管的截止与饱和状态来作无触点开关。

3.2.2 场效应管 (FEI)

场效应晶体管 (Field Effect Transistor, FET) 简称场效应管。场效应管是利用电压来控制输出回路电流的一种半导体器件,并以此命名。

由于场效应管仅靠半导体中的多数载流子导电,又称单极型晶体管。场效应晶体管是利用电压来控制电流的一种半导体器件,属于电压控制型半导体器件。由于有诸多优点,现已逐渐取代双极型三极管和功率晶体管。

场效应管分为结型场效应管 (JFET) 和绝缘栅场效应管 (MOSFET) 两大类;按沟道材料类型分为 N 沟道和 P 沟道两种;按导电方式分为耗尽型与增强型。绝缘栅型场效应管是金属 (Metal)-氧化物 (Oxide)-半导体 (Semiconductor) 场效应晶体管,简称 MOS 管。

不同类型的场效应管工作原理大同小异,都是以栅极与沟道间的 PN 结形成的反偏电压来控制漏极与源极间流经沟道的电流。由于增强型绝缘栅场效应管应用最为广泛,因此,本书主要介绍 N 沟道增强型绝缘栅型场效应管和 P 沟道增强型绝缘栅型场效应管。

1. 增强型 MOS 管的基本结构

如图 3-2-4 (a) 所示,N 沟道增强型 MOS 管是用一块掺杂浓度低的 P 型硅片作为衬底,利用扩散工艺在衬底上扩散两个高掺杂浓度的 N 型区 (用 N$^+$ 表示),并在此 N 型区上引出两个欧姆接触电极,分别称为源极 (用 S 表示) 和漏极 (用 D 表示)。在源区、漏区之间的衬底表面覆盖一层金属氧化物绝缘层,在此绝缘层上沉积出金属铝层并引出电极作为栅极 (用 G 表示)。从衬底引出一个欧姆接触电极称为衬底电极 (用 B 表示)。由于栅极与其他电极之间是相互绝缘的,所以称它为绝缘栅型场效应管,电路符号箭头向里。

P 沟道增强型 MOS 管如图 3-2-4 (b) 所示,与 N 沟道增强型 MOS 管相比,是用一块掺杂浓度较低的 N 型硅片作为衬底,在衬底上扩散两个高掺杂浓度的 P 型区 (用 P$^+$ 表示),其他完全相同,电路符号箭头向外。

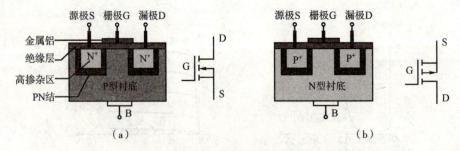

图 3-2-4 绝缘栅型场效应管基本结构与符号
(a) NMOS 管结构与符号;(b) PMOS 管结构与符号

2. N 沟道增强型 MOS 管工作原理

N 沟道增强型 MOS 管简称 NMOS 管，其工作原理与 NPN 型三极管相似，P 型衬底掺杂浓度低相当基极，源极的 N 型区和漏极的 N 型区掺杂浓度高，相当于发射极和集电极。NMOS 管也有截止、放大和饱和三种工作状态。

如果将衬底 B 与源极 S 短接，在栅极 G 和源极 S 之间加正向电压 U_{GS}，使栅极和源极之间的 PN 结正向偏置，同时栅源极电压 U_{GS} 在栅极与 P 型衬底之间产生一个由栅极指向衬底的纵向电场。在这个电场的作用下，P 衬底靠近栅极表面附近的空穴受到排斥将向下方运动，电子受电场的吸引向靠近栅极衬底表面运动，与衬底表面的空穴复合，形成了一层（空穴）耗尽层。

1) NMOS 管截止状态

对 NPN 型三极管而言，发射结电压 U_{be} 小于导通电压（硅管为 0.7 V）时，三极管处于截止状态。MOS 管也如此，但由于三极管基射极电压 U_{be} 直接作用在发射结上，而 MOS 管的栅极是绝缘的，栅源极电压 U_{GS} 没有直接加在 PN 结上，外电压电场被削弱，因此，MOS 管的开启电压 U_T（也称阈值电压或门槛电压）要比三极管导通电压高达到 3~5 V。

如图 3-2-5（a）所示，当 U_{GS} 未达到开启电压 U_T 时，栅源极间的 PN 结不能导通，P 型衬底自由电子数量有限，不足以形成导电沟道，将漏极和源极沟通，所以仍然不足以形成漏极电流 I_D，相当于三极管截止状态。

2) NMOS 管放大状态

如图 3-2-5（b）所示，如果进一步提高正向电压 U_{GS}，使 $U_{GS} > U_T$ 时，栅极与源极间的 PN 结导通，N^+ 型区大量自由电子进入 P 区，同时纵向电场进一步增强，使 P 衬底表面层中空穴全部被排斥和耗尽，并将进入 P 区的自由电子大量地吸引到靠近栅极的表面层，使 P 型区表面层集聚大量少数载流子自由电子层，称为"反型层"。

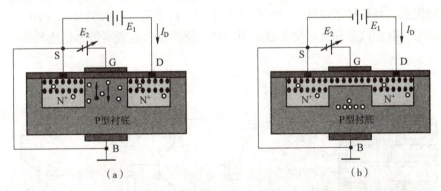

图 3-2-5　N 沟道增强型 MOS 管工作原理图
(a) 截止状态；(b) 导通状态

反型层将漏极 D 和源极 S 两个 N^+ 型区相连通，构成了漏源极之间的 N（电子）型导电沟道。把开始形成导电沟道所需的 U_{GS} 值称为阈值电压或开启电压，用 U_T 表示。如果此时在漏极 D 和源极 S 之间加上正电压 U_{DS}，使栅极和漏极之间的 PN 结反向偏置，那么大量被吸引到靠近栅极的表面层的自由电子就会通过漂移运动流向漏极，形成漏极电流 I_D。而且 U_{GS} 越大，吸引到靠近栅极的表面层自由电子越多，漂移的自由电子数越多，漏极电流 I_D 就越大。因此，NMOS 管具有放大作用。

3）NMOS 管饱和状态

如图 3-2-5（c）所示，NMOS 管导电沟道形成后，在正向电压 U_{DS} 作用下，I_D 沿沟道从漏极流向源极并产生电压降，使栅极与沟道内各点的电压不再相等，于是沟道不再均匀，靠近源极端宽，靠近漏极端窄。增大 U_{DS} 到一定数值后，在近漏极端沟道被预夹断。继续增大 U_{DS}，加在夹断点与源极之间的电压不再改变，I_D 基本上维持不变，相当于三极管饱和导通。

由以上分析得知，漏极电流 I_D 的大小受栅源极电压 U_{GS} 控制。NMOS 管是利用栅极和源极之间 N 型沟道导电，其导电能力依靠栅极电压来增强，故称为 N 沟道增强型绝缘栅场效应管。

3. 场效应管与三极管的对比

（1）三极管是电流控制元件，而场效应管是电压控制器件；也就是说，三极管是通过改变基极电流控制输出，而场效应管是通过改变栅极电压来控制输出。

（2）场效应管的输入端电流几乎为零，因此它的输入电阻很大。

（3）三极管是由多数载流子和少数载流子共同导电，而场效应管是利用多数载流子导电，因此它的温度稳定性较好。

（4）三极管在模拟电路中工作必须要有一定的待机电流（静态电流），这必然会影响它的工作效率，而场效应管则不存在类似问题。

3.2.3 绝缘栅双极型晶体管

绝缘栅双极型晶体管简称 IGBT，是一个非通即断的开关管。如图 3-2-6（a）所示，IGBT 管的结构与 MOS 管非常接近，只是在背面增加了 N⁺ 和 P⁺ 层，"+"意味着更高的自由电子和空穴密度，增加了载流能力。IGBT 融合了 MOS 管的高输入阻抗和三极管的低导通压降两方面的优点，具备易于驱动、峰值电流容量大、自关断、开关频率高（10～40 kHz）等特点，在家电、电动汽车和自动化领域应用十分广泛，是目前发展最为迅速的新一代电力电子器件。

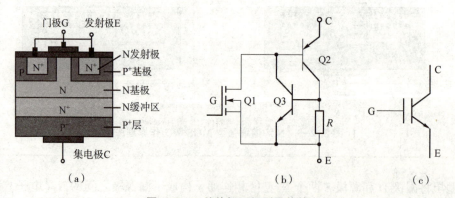

图 3-2-6 绝缘栅双极型晶体管
(a) 结构图；(b) 原理图；(c) 电路符号

IGBT 相当于达林顿管（两个三极管串联）和增强型 NMOS 管组合而成。达林顿管又称复合管，它是将两个三极管串联，以组成一只等效的新的三极管。这只等效三极管的放大倍数是原二者之积，因此，它的特点是放大倍数非常高。

IGBT 有三个极：栅极（G）、发射极（E）和集电极（C）。IGBT 管的工作原理如图 3-2-6（b）所示，若在 IGBT 的栅极和发射极之间加上驱动正向电压 U_{GE}，只要 U_{GE} 电压大于开启电压 U_T（2~6 V），IGBT 内部的 NMOS 管 Q1 导通，这样使 PNP 型三极管 Q2 的基极接低电位而导通，Q2 导通又使得 NPN 型三极管 Q3 的基极获得高电位而导通，两个三极管都导通，则 IGBT 处于导通状态；若 IGBT 的栅极和发射极之间没有正向电压，即 $U_{GE}=0$ V，IGBT 内部的 NMOS 管截止，切断 PNP 三极管 Q1 基极电流的供给，使得三极管 Q1 和 Q2 都截止，则 IGBT 处于关断状态。

IGBT 的驱动方法和 MOS 管基本相同，只需控制输入极 N⁻ 沟道 MOS 管，所以具有高输入阻抗和高的放大倍数。其电路符号如图 3-2-6（c）所示。

3.2.4 知识点小结（表 3-3）

表 3-3 知识点小结

元件	类型	电路符号	载流子	控制方式	功率消耗	工作状态	作用	对应电极
三极管	NPN	b→Q→c,e	两种载流子同时参与导电，故称双极型晶体管	电流控制器件	有基极电流，消耗功率	截止 放大 饱和	开关 放大	b-G e-S c-D
	PNP	b→Q→c,e						
场效应管	NMOS	G→D,S	只有一种载流子参与导电，故称单极型晶体管	电压控制器件	没有栅极电流，不消耗功率			
	PMOS	G→S,D						
IGBT	NIGBT	G→C,E	两种载流子同时参与导电，故称双极型晶体管	电压控制器件	没有栅极电流，不消耗功率	导通 关断	开关	b-G e-E c-C

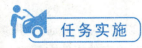
任务实施

1. 准备工作

根据任务要求准备：NPN 型三极管、PNP 型三极管、NMOS 管、PMOS 管、IGBT 管、万用表。

2. 操作流程

1) 三极管的检测

(1) 三极管型号和电极的检测。

数字万用表选择三极管检测挡 hFE,将三极管的三个引脚直接插到（NPN 或 PNP 型）对应测试孔中,当万用表显示几百数字（全"0"或"1"不行）时,三极管为所测对应型号和管脚电极。

用指针式万用表测一般三极管,可将三极管看成两个"首首"相连或"尾尾"相连的二极管,若"首"为正极,"尾"为负极,则前者为 PNP 型,后者为 NPN 型。

(2) 三极管性能的检测。

用指针万用表检测,与检测二极管好坏一样,用两表笔分别接三极管两端,分别测得两个阻值,一个为几 k 至几十 k,另一个应为无穷大,这基本就是好的。

用数字万用表检测,万用表选择 $R×1$ k 挡,测集电结和发射结的正反向电阻,一般硅管几百千欧,锗管几千欧,若为 0 或很小,则表明已击穿,击穿故障主要是 c 极和 e 极之间;若为无穷大,则开路,三极间都有可能。

2) 增强型 MOS 管的检测

(1) MOS 管电极的检测。

万用表选择 $R×1$ k 挡,测量 MOS 管各管脚之间的正反向电阻,当出现一次阻值小时(测得的是寄生二极管正向电阻),红表笔接的引脚为漏极 D,黑表笔接的引脚为源极 S,余下的引脚为栅极 G。

(2) MOS 性能的检测。

用数字万用表检测,黑表笔接在 D 极上,红表笔接在 S 极上,一般有一个 500~600 Ω 的阻值;在黑表笔不动的前提下,用红表笔点一下 G 极,然后再用红表笔测 S 极,就会出现导通;红表笔接 D 极,黑表笔点一下 G 极后再接 S 极,测得的阻值和第一次测的是一样的,则说明 MOS 管工作正常。

用指针万用表检测,把红笔接到 MOS 的源极 S 上,黑笔接到 MOS 管的漏极上,好的指针指示应该是无穷大。如果有阻值没被测,则 MOS 管有漏电现象。

3) IGBT 管的检测

(1) IGBT 电极的检测。

对 IGBT 进行检测时,应选用指针式万用表。首先将万用表拨到 $R×1$ k 挡,用万用表测量各极之间的阻值,若某一极与其他两极阻值为无穷大,调换表笔后该极与其他两极的阻值仍为无穷大,则此极为栅极（G）。再用万用表测量其余两极之间的阻值,若测得阻值为无穷大,调换表笔后阻值较小,当测量阻值较小时,红表笔接触的为集电极（C）,黑表笔接触的为发射极（E）。

(2) IGBT 性能的检测。

首先将万用表拨到 $R×10$ k 挡（$R×1$ k 挡时,内部电压过低,不足以使 IGBT 导通）,用黑表笔接 IGBT 的集电极（C）,红表笔接 IGBT 的发射极（E）,此时万用表的指针在零位。用手指同时触及一下栅极（G）和集电极（C）,这时 IGBT 被触发导通,万用表的指针明显摆动并指向阻值较小的方向能维持在某一位置。然后再用手指同时触及一下栅极（G）和发射极（E），这时 IGBT 被阻断，万用表的指针回零。在检测中以上现象均符合，可以判定 IGBT 是好的，否则该 IGBT 存在问题。

3. 操作提示

（1）半导体器件的检测多采用指针式万用表，数字表内部电池电压太低，不适宜测量半导体器件。

（2）无论是三极管、场效应管还是 IGBT 管，它们的结构都与二极管相关。因此，检测时，应运用二极管的单向导电特性。

（3）按要求选择万用表挡位，以免损坏仪表。

复习与思考题

（1）NPN 型三极管的放大条件是（　　）。

A. 发射结正偏、集电结反偏

B. 发射结反偏、集电结正偏

C. 发射结与集电结都正偏

（2）三极管的开关作用是利用三极管的（　　）状态。

A. 截止、放大　　　　B. 放大、饱和　　　　C. 截止、饱和

（3）三极管和场效应管都具有放大功能，根据二者的控制放大原理，三极管属于（　　）元件，场效应管属于（　　）元件。（　　）

A. 电压控制放大、电流控制放大

B. 都是电流控制放大

C. 电流控制放大、电压控制放大

（4）三极管有截止、放大和饱和三种工作状态，请阐述三极管处在三种工作状态的条件。

知识技能拓展

1. PNP 型三极管放大原理

PNP 型三极管的工作过程与 NPN 型三极管类似，只是放大条件正好相反，集电结反偏、发射结正偏。

1）发射极电流 I_e 的形成

电源 V_{CC} 直接正向加在发射极上，经过电阻 R_b 加在基极上，使发射结正偏导通，发射区的多数载流子空穴不断地越过发射结进入基区，便形成发射极电流 I_e。

2）基极电流 I_b 的形成

发射区空穴进入基区后，由于基区（N 型区）掺杂浓度低且很薄，电子数量极少，只有很小一部分空穴与基区电子复合形成基极电流 I_b，因此基极电流很小。大部分空穴集聚在基区，大大增加了本来是少数载流子的空穴数量。

3）集电极电流 I_c 的形成

集电极接地，基极电位高于集电极，使集电结反偏，外加电压方向与内电场方向相同，空间电荷区变宽，阻止了集电区（P区）多数载流子空穴的扩散运动，但PN反向偏置却加强了少数载流子漂移运动，只是原本的少数载流子的数量太少，形成的反向漏电流也很小而已，但此时由于基区（N型区）有大量从发射区扩散的空穴集聚，使得原本属于N型区少数载流子的空穴大量增加，这样，通过基区大量"少数载流子"的漂移运动就形成较大反向电流，这就是集电极电流 I_c。

2. 三极管与场效应管开关电路

（1）分别在面包板上连接如图3-2-7所示三个开关电路；

（2）闭合开关SW，观察LED灯点亮情况；

（3）分析说明三极管和MOS管的开关作用。

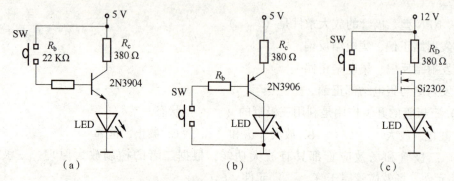

图3-2-7　三极管与场效应管开关电路

(a) NPN开关管；(b) PNP开关管；(c) NMOS开关管

任务3.3　音频信号放大电路的检测

任务引入

在分析检查音频信号放大电路时，需对音频信号放大电路进行检测。因此，需了解音频信号放大电路相关理论知识和检测方法。

大国工匠　案例十一

相关理论知识

3.3.1　基本放大电路

1. 基本放大电路的功能

模拟电路的主要功能就是模拟信号的放大，根据放大信号的强弱和要求不同，放大电路分为单级（基本）放大电路、多级放大电路和功率放大电路。三极管单级放大电路在电子电路中是应用最多的单元电路。三极管单级放大电路有共发射极放大电路、共集电极放大电路和共基极放大器三种，其中共发射极放大电路应用最多。

放大电路信号的放大，意味着能量的增加，根据能量守恒定律，放大电路实质是电源的能量在输入信号的控制下，实现信号能量放大输出。

2. 基本放大电路的组成

如图 3-3-1 所示，无论是三极管还是场效应管，其基本放大电路主要由放大元件（晶体三极管）、电源、电阻、耦合电容和负载组成。

1）晶体三极管

晶体三极管 Q 是核心放大元件，通过输入信号 u_i 的强弱变化，使基极电流 i_b 的大小也发生变化，从而控制集电极电流 i_c 的大小变化，实现电流放大作用。放大元件满足 $i_c = \beta i_b$，三极管 Q 应工作在放大区，即保证发射结正偏，集电结反偏。

2）电源 U_{CC}

U_{CC} 是整个放大电路的能源，提供电流 i_b 和 i_c。所谓三极管的放大作用，是通过三极管控制电源 U_{CC} 的能量分配，使输出端获得一个放大信号。它的另一个作用是经过 R_{b1} 和 R_{b2} 分压，为放大电路提供合适的直流工作状态，使发射结正偏、集电结反偏，保证晶体管处在放大状态（$i_c = \beta i_b$）。

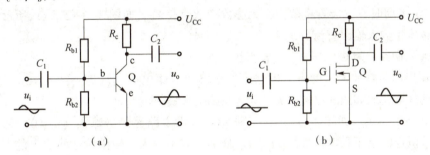

图 3-3-1 基本放大电路组成

(a) 三极管基本放大电路；(b) 场效应管基本放大电路

3）基极电阻 R_{b1}、R_{b2}

基极电阻 R_{b1}、R_{b2} 也称偏置电阻，其作用是组成串联分压电路，为基极晶体管提供合适静态工作点。基极电阻也有两个作用：一是提供偏置电压，一般放大信号为交流信号，如果没有 R_{b2} 提供偏置电压，负半轴的信号或低于三极管开启电压的信号无法被放大，有了 R_{b2} 提供偏置电压，让叠加了这个电压的最小信号都可以大于三极管的开启电压，这样才会实现不失真的放大；二是限流，其实三极管的基区和发射区之间存在一个内阻 r_{be}，不太大，如果不加 R_{b1}，那么 i_b 可能很大，而经过放大的 i_c 就更大了，三极管也承受不了这么大的电流，所以很有必要在基极连接一个电阻以起到限流的作用。R_{b1}、R_{b2} 一般为几十千欧到几百千欧。

4）集电极电阻 R_c

集电极电阻 R_c 有两个作用：一是在放大状态时，R_c 可以将电流信号转化为电压信号。由于输入的电流 i_b 是在变化的，那么在放大状态时，由 $i_c = \beta i_b$ 可知，i_c 也在变化。在存在 R_c 的情况下，i_c 的变化就会导致 R_c 上的电压变化，从而使得集电极电压会随 i_b 发生变化。如果没有 R_c，那么加在集电极上的电压始终都是 U_{CC}，即使 i_c 会随着 i_b 增大，集电极电压始终不会改变。二是 R_c 还会使三极管能够进入饱和状态，如果没有 R_c，那么集电极的电压一直都

是电源电压 U_{CC}，如果存在 R_c，在放大状态下，随着 i_b 的增大，i_c 也在增大，导致 R_c 上的电压增大，进而使得集电极上的电压减小，最终会小于基区电压，三极管饱和。

5）耦合电容 C_1、C_2

信号源电压 u_i，一般为传感器将非电量信号转换为交变电压信号。耦合电容 C_1 的作用是用来传递交流信号，隔断直流通路，使信号源、放大电路二者之间形成交流通路，因而形象地称为"耦合"电容。耦合电容 C_2 隔断了本级与负载间的直流通路，使放大电路和负载之间形成交流通路。输出电压 u_o 是经放大电路放大后加在负载上输出的信号电压。C_1、C_2 的作用就是隔离输入、输出与放大电路的直流联系，使交流信号顺利输入、输出，一般为微法（μF）级。

3. 三极管共发射极基本放大电路原理

放大电路在没有放大信号输入时称为静态，此时放大电路只有直流分量（电压和电流）；放大电路在有放大信号输入时称为动态，此时放大电路既有直流分量，也有信号交流分量。

1）静态放大电路

放大电路处于静态时，无输入信号。三极管的基极和集电极应有一定的直流电流和电压 I_b、U_{be}、I_c 和 U_{cb}，这不仅是要保证三极管发射结正偏、集电结反偏，更是为了确定一个合适的静态工作点，保证信号放大不失真。如果没有静态直流电压，当输入交流信号电压小于 0.5 V 或在负半周时，三极管将截止，无法传递放大信号。如图 3-3-2（a）所示，无输入信号时，晶体管输入输出直流分量为：

（1）输入回路：基极电压 U_{be}，基极电流 I_b。

（2）输出回路：放大后的集电极电压 U_{ce}（U_o）、集电极电流 I_c，且 $I_c=\beta I_b$。此时输入和输出直流分量波形如图 3-3-2（b）所示，都是直线。

（3）静态工作点：如图 3-3-2（c）所示，放大电路无信号输入（$u_i=0$）时，三极管各电极都是恒定的电压和电流，I_b、I_c、U_{ce} 分别对应于输入、输出特性曲线上的一个点，称为静态工作点，用 Q 表示。

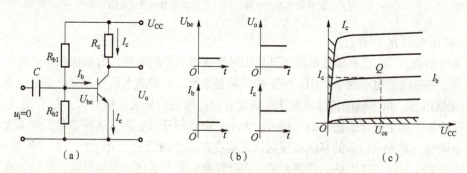

图 3-3-2　共发射极静态放大电路

(a) 放大电路；(b) 输入输出波形；(c) 静态工作点图

2）动态放大电路

放大电路处于动态时，有输入信号。如图 3-3-3（a）所示，放大电路既有直流分量，又有交流信号，交直流信号共存。其动态输入/输出波形如图 3-3-3（b）所示。

（1）输入电流 i_b。

由于有输入信号，此时的输入电流 i_b 为信号电流 i_i 和基极静态电流 I_b 的叠加，即

$$i_b = I_b + i_i$$

(2) 输入电压 u_{be}。

由于有输入信号,此时的输入电压 u_{be} 为信号电压 u_i 和基极静态电压 U_{be} 的叠加,即

$$u_{be} = U_{be} + u_i$$

(3) 放大后的集电极电流 i_c。

$$i_c = I_c + \beta i_i = \beta i_b$$

(4) 放大后的集射极电压 u_{ce}。

u_{ce} 是 i_c 通过 R_c 将放大的电流转换为放大的晶体管电压输出,即

$$u_{ce} = U_{CC} - i_c R_c = U_{ce} + u_o$$

(5) 输出电压 u_o。

u_o 是 u_{ce} 经过 C_2 滤波,滤除直流分量得到放大交流电压信号,有 $u_o = -A_u u_i$,A_u 为电压放大倍数。

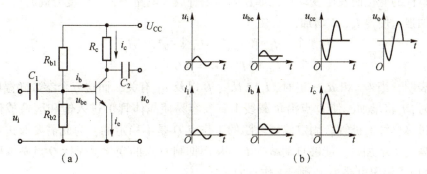

图 3-3-3 共发射极动态放大电路
(a) 放大电路;(b) 输入/输出波形

根据输入/输出波形可知,加上输入信号电压后,各电极电流和电压的大小均发生了变化,都在直流量的基础上叠加了一个交流量,但方向始终不变。若参数选取得当,输出电压可比输入电压大,即电路具有电压放大作用。

由于输入电压高时,三极管 ce 极间阻值减小,输出电压低,反而输出高电压。这样,使输出电压与输入电压在相位上相差 180°,即共发射极电路具有反相作用。

4. 基本放大电路静态工作点的选择

如果静态工作点 Q 设置不合适,晶体管进入截止区或饱和区工作,将造成非线性失真。

(1) 若静态工作点 Q 设置过低,如图 3-3-4 所示,在输入信号波形的负半周到来时,使 $u_{be}<0.5$ V,小于死区的部分将无法得到传输通过晶体管,只有大于死区的部分才能转换成电流 i_c 通过晶体管,使进入晶体管截止区的信号无法放大,造成截止失真。

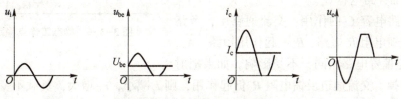

图 3-3-4 截止失真波形

（2）若静态工作点 Q 设置过高，如图 3-3-5 所示，使 $u_{be}>0.7$ V，大于饱和区的部分将无法得到传输通过晶体管，只有小于饱和区的部分才能转换成电流 i_c 通过晶体管，使进入晶体管饱和区的信号无法放大，造成饱和失真。

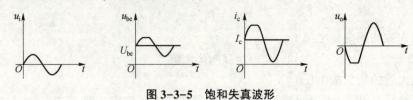

图 3-3-5　饱和失真波形

5. 静态工作点的稳定

1）温度变化对静态工作点的影响

合理设置静态工作点是保证放大电路正常工作的先决条件。但是放大电路的静态工作点常因外界条件的变化而发生变动。比如在固定偏置放大电路中，当温度升高时，少数载流子漂移运动加强，使得 I_b、I_c 增加，即有

$$T\uparrow \to I_{beo} 和 I_{cbo}\uparrow \to U_{be}\downarrow \to \beta \uparrow \to I_b \uparrow$$

$$T\uparrow \to I_{ceo} 和 I_b\uparrow \to I_c = (\beta I_b + I_{ceo})\uparrow$$

上式表明，当 U_{CC} 和 R_b 一定时，I_c 与 U_{be}、β 以及 I_{ceo} 有关，而这三个参数随温度而变化。温度升高时，I_c 将增加，使 Q 点沿负载线上移，容易使晶体管 T 进入饱和区造成饱和失真，甚至引起过热烧坏三极管。固定偏置电路的工作点 Q 是不稳定的，为此需要改进偏置电路。当温度升高使 I_c 增加时，能够自动减少 I_b，从而抑制 Q 点的变化，保持 Q 点基本稳定。

2）分压式偏置电路稳定静态工作点 Q

如图 3-3-6 所示，因 $I_1 \approx I_2 >> I_b$，通常取 $I_2 = (5\sim 10)I_b$

$$I_1 \approx I_2 \approx U_{CC}/(R_{b1}+R_{b2})$$

$$U_b = I_2 R_{b2}$$

$$U_b = R_{b2}/(R_{b1}+R_{b2})U_{CC}$$

故此，基极电位基本恒定，不随温度变化。

3）温度补偿稳定静态工作点

如图 3-3-6 所示，在发射极接入温度补偿电阻 R_e，若温度（T）升高：

$$T\uparrow \to I_c\uparrow \to U_e\uparrow\;(U_b 固定)\to U_{be}\downarrow \to I_b\downarrow \to I_c\downarrow$$

从而保证集电极电流基本恒定，不随温度变化。

（1）对直流：R_e 越大，稳定 Q 点效果越好；

（2）对交流：R_e 越大，交流损失越大，为避免交流损失加旁路电容 C_e。

（3）旁路电容 C_e 的作用：交流通路中，旁路电容 C_e 将反馈电阻 R_e 短路，R_e 不起作用短路，A_u、r_i、r_o 与固定偏置电路相同，不受影响。如果把射

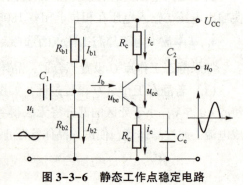

图 3-3-6　静态工作点稳定电路

极电容 C_e 去掉，交流通道反馈电阻 R_e 仍起作用，则 I_e 减小，r_{be} 增大，负载不变情况下，电压放大倍数 A_u 降低。

6. 放大电路的主要性能指标

1) 电压放大倍数 A_u

电压放大倍数也称为增益，用 A_u 表示，是衡量放大电路放大能力的指标。它定义为输出电压与输入电压之比，即

$$A_u = U_o / U_i$$

式中，U_o、U_i 都是正弦信号的有效值。

2) 输入电阻 r_i

输入电阻 r_i 就是向放大电路输入端看进去的等效电阻。输入电阻 r_i 的大小等于输入电压与输入电流之比，即

$$r_i = U_i / I_i$$

式中，U_i、I_i 都是正弦信号的有效值。

输入电阻反映了放大电路从信号源汲取电压的能力。通常希望输入电阻越大越好，r_i 越大，表明放大电路从信号源汲取的电流越小，所得到的电压 U_i 越接近信号电压。

3) 输出电阻 r_o

输出电阻 r_o 就是向放大电路输出端看进去的等效电阻。输出电阻 r_o 的大小等于输出电压与输出电流之比，即

$$r_o = U_o / I_o$$

式中，U_o、I_o 都是正弦信号的有效值。

输出电阻反映了放大电路带负载的能力，通常希望输出电阻越小越好，r_o 越小，表明放大电路带负载能力越强。

3.3.2 多级放大电路

大多传感器产生的电信号一般非常微弱（μA 或 μV 级），而单级放大电路放大倍数有限（40 倍左右），不能满足信号放大需求，因此需要采用多级放大电路放大信号。

将多个单级基本放大电路合理连接，构成多级放大电路。组成多级放大电路的每一个基本电路称为一级，级与级之间的连接称为级间耦合。常见的耦合方式有阻容耦合、变压器耦合和直接耦合。

1. 阻容耦合多级放大电路

如图 3-3-7（a）所示，两级之间通过耦合电容 C_2 与下级输入电阻连接，其特点为：

（1）静态工作点相互独立，在分立元件电路中广泛使用。

（2）由于电容有隔直作用，所以每级放大电路的直流通路互不相通，每级的静态工作点互相独立，互不影响，可以各级单独计算。

（3）阻容耦合放大电路在普通电路可以应用，在集成电路中则因无法制造大容量电容，不便于集成化，因此无法使用。

2. 直接耦合多级放大电路

如图 3-3-7（b）所示，将前级的输出端直接接后级的输入端，可用来放大缓慢变化的信号或直流量变化的信号。直接耦合的特点为：

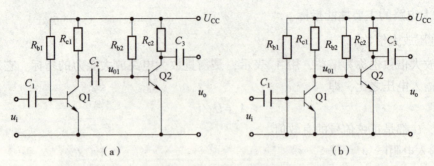

图 3-3-7 多级放大电路
(a) 阻容耦合放大电路图；(b) 直接耦合多级放大电路

（1）前后级静态工作点相互影响，基极和集电极电位会随着级数增加而上升。

（2）由于不采用电容，所以直接耦合放大电路具有良好的低频特性，可以放大缓慢变化的信号及直流信号。

（3）零点漂移严重。

由于晶体管参数随温度变化、电源电压波动、电路元件参数的变化，在输入信号电压为零时，输出电压发生缓慢、无规则变化，直接影响对输入信号测量的准确程度和分辨能力。严重时，可能淹没有效信号电压，无法分辨是有效信号电压还是漂移电压。抑制零点漂移是制作高质量直接耦合放大电路的一个重要的问题。

（4）由于不采用电容，适合于集成化的要求，在集成运放的内部，级间都是直接耦合。

3.3.3 差动放大电路

直接耦合的多级放大电路，当输入信号为零时，输出信号电压并不为零，而且这个不为零的电压会随时间做缓慢的、无规则持续变动，这种现象称为零点漂移，简称零漂。差动放大电路就是一种对零漂有很强抑制作用的放大电路。

差动放大电路不仅能有效地放大直流信号，而且能有效地减小由于电源波动和晶体管随温度变化引起的零点漂移。

1. 差动放大电路的组成特点

如图 3-3-8 所示，基本差动放大电路由两个完全对称的共发射极三极管放大电路组成。电路具有如下特点：

（1）电路结构对称。

在理想的情况下，电路参数理想对称，即 $R_{b1} = R_{b2}$、$R_{c1} = R_{c2}$、Q1 管与 Q2 管的特性相同。

（2）输入和输出。

该电路的输入端是两个信号的输入，这两个信号的差值为电路有效输入信号，电路的输出是对这两个输入信号之差的放大。

（3）R_e 与 V_{EE} 的作用。

两个管子 Q1 与 Q2 通过发射极电阻 R_e 和负电源 V_{EE} 耦合，由于 R_e 接负电源 $-V_{EE}$，拖一个尾巴，故称为长尾式电路。

① R_e的作用。

R_e为温度补偿电阻,限制每个管子的漂移,稳定静态工作点。当温度T升高,两管的集电极电流I_{c1}和I_{c2}以及发射极电流I_{e1}和I_{e2}均增大,由于两管基极电位V_{b1}和V_{b2}均保持不变,两管的发射极电位V_e升高,引起两管的发射结电压U_{be1}和U_{be2}降低,两管的基极电流I_{b1}和I_{b2}随之减小,I_{c1}和I_{c2}下降,可以保证集电极电流基本恒定,不随温度变化。差动放大电路两管的输出稳定在静态值,从而有效地抑制了零点漂移。

② 负电源V_{EE}的作用。

用于补偿R_e上的压降,以获得合适的工作点。由于增加了温度补偿电阻,使得三极管基极电位被提高,静态工作点上移,容易产生饱和失真。由于R_e上有直流压降,为了保证R_e上端电位接近为零,R_e的下端电位就一定为负,所以要有一组负电源。而上面的正电源是给集电极供电的。此外,采用双电源供电,可以使$U_{b1}=U_{b2}\approx0$,从而使电路可适应正、负两种极性的输入信号,扩大了应用范围。

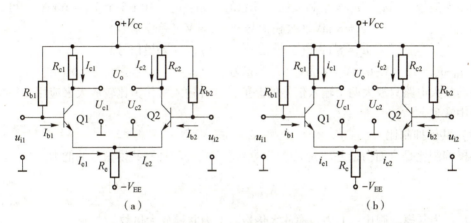

图 3-3-8 差动放大电路

(a) 无信号输入时的工作情况;(b) 有信号输入时的工作情况

2. 差动放大电路原理

基本差动放大电路的输入端是两个信号的输入,这两个信号的差值为电路有效输入信号,电路的输出是对这两个输入信号之差的放大。设想这样一种情景,如果存在干扰信号,会对两个输入信号产生相同的干扰,通过二者之差,干扰信号的有效输入为零,这就达到了抗共模干扰的目的。因而被广泛应用于集成运放电路,它常被用作多级放大器的前置级。

(1)静态时,没有信号输入时的工作情况。

没有输入信号$u_{i1}=u_{i2}=0$时,则两管的基极电流相等,两管的集电极电位也相等,所以输出电压$U_o=U_{c1}-U_{c2}=0$。

当温度上升时,两管集电极电流I_{c1}、I_{c2}均增加,则集电极电压U_{c1}、U_{c2}均下降,由于它们处于同一温度环境,因此两管的电流和电压变化量均相等,即

$$U_o = (U_{c1}+\Delta U_{c1})-(U_{c2}+\Delta U_{c2})=0$$

其输出电压仍然为零。对称差动放大电路对两管所产生的同向漂移都有抑制作用。

(2) 有信号输入时的工作情况。

① 共模输入信号——需要抑制的信号。

当在差动放大管 Q1 和 Q2 的基极输入信号电压 $u_{i1}=u_{i2}$ 大小相等、极性相同的共模信号时，两管集电极电流同量地增加，两管集电极电位呈等量同向变化，所以输出电压为零，差动电路对共模信号的抑制能力很强。差动电路抑制共模信号能力的大小，反映了它对零点漂移的抑制水平。

② 差模输入信号——需要放大的信号。

当输入信号电压 $u_{i1} = -u_{i2}$ 大小相等、极性相反，两管集电极电位一减一增，呈等量异向变化，即 $\Delta u_{c1} = -\Delta u_{c2}$，则

$$u_o = u_{c1} - u_{c2} = (U_{c1} - \Delta u_{c1}) - (U_{c2} + \Delta u_{c2}) = -2\Delta u_{c1}$$

由此可知，差动放大电路对差模信号有放大能力。

③ 比较输入信号。

当输入信号电压 u_{i1}、u_{i2} 大小和极性是任意的，如：$u_{i1}=10\ \text{mV}$ 和 $u_{i2}=6\ \text{mV}$，可分解成

$$u_{i1} = 8\ \text{mV（公模信号）} + 2\ \text{mV（差模信号）}$$
$$u_{i2} = 8\ \text{mV（公模信号）} - 2\ \text{mV（差模信号）}$$

即 $u_{id} = u_{i1} - u_{i2} = 10\ \text{mV} - 6\ \text{mV} = 4\ \text{mV}$（差模信号）。

差动放大电路只放大两个输入信号的差值，这种输入常作为比较放大来应用，在自动控制系统中常见。

(3) 共模抑制比。

共模抑制比是全面衡量差动放大电路放大差模信号和抑制共模信号的能力。

$$K_{\text{CMR}} = \frac{|A_d|}{|A_c|}$$

式中，K_{CMR} 为共模抑制比；A_d 为差模放大倍数；A_c 为共模放大倍数。

K_{CMR} 越大，说明差放分辨差模信号的能力越强，而抑制共模信号的能力越强。

3.3.4 功率放大电路

1. 功率放大电路的作用

在多级放大电路中，功率放大电路是放大电路的输出级，能产生最大功率输出以驱动负载工作，例如使扬声器发声、继电器动作、仪表指针偏转、电动机旋转等。下面以常用推挽式无输出变压器功率放大电路（OTL）为例进行分析。

2. OTL 功率放大电路

图 3-3-9 所示为 OTL 推挽式功率放大电路。通常采用单电源供电，从两组串联的输出中点通过电容耦合输出信号。Q1 是前置放大电路，Q2 是 NPN 型大功率三极管，Q3 是 PNP 型大功率三极管，要求两只三极管极性、参数十分相近，Q2 和 Q3 构成互补推挽输出级电路。两只三极管基极直接相连，在两管基极加一个输入信号 u_i。由于两只三极管的极性不同，基极上的输入信号电压对两管而言一个是正向偏置，一个是反向偏置。

1) OTL 功率放大电路工作过程

当输入信号为正半周时，两管基极电压同时升高，使 Q1 导通，Q2 截止。此时输出回路

为：电源$+V_{CC}$→Q1→C_2→R_L→地→电源负极，同时给电容C_1充电。

当输入信号为负半周时，两管基极电压同时下降，使Q2导通，Q1截止。此时电容放电（电源），输出回路为：C_{2+}→Q2→R_L→地→C_{2-}。

两只不同极性的三极管工作时，一只导通放大，另一只截止，工作在推挽状态，称为互补推挽放大器。

2）R_1、R_2、D1、D2的作用

R_1、R_2、D1、D2的作用是克服交越失真。两个管子在信号周期内交替工作，由于管子总是存在着死区电压，因此在信号零点附近不会产生基极电流，造成传输信号波形的严重失真，由于这种失真产生在过零值处，所以称为交越失真。通过D1和D2的钳位作用，能够保证在输入信号接近零时，Q1、Q2管子的基极电位高于死区电压，使两个管子均处于微弱导通状态，避免出现交越失真。

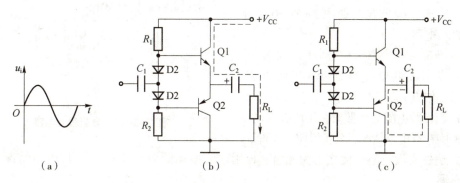

图 3-3-9　互补对称推挽功率放大电路

（a）信号波形；（b）信号正半周时；（c）信号负半周时

3.3.5　知识点小结（表3-4）

表 3-4　知识点小结

电路	输入	输出	电路特点
共发射极基本放大电路	$i_b = I_b + i_i$ $u_{be} = U_{be} + u_i$	$i_c = I_c\beta$ $i_i = \beta i_b$ $u_o = -\beta u_i$	1. 输入和输出信号电流和电压频率相同，相位相反； 2. 输入信号被放大β倍反向输出； 3. 设置合适的静态工作点，防止放大失真
直接耦合多级放大电路	$i_b = I_b + i_i$ $u_{be} = U_{be} + u_i$	$i_c = \beta_1\beta_2 i_b$ $u_o = \beta_1\beta_3 u_i$	1. 前后级静态工作点相互影响； 2. 具有良好的低频特性； 3. 零点漂移严重； 4. 适合于集成化的要求
差动放大电路	u_{i1} u_{i2} $u_{i1} = -u_{i2}$	$u_o = u_{d1} - u_{d2}$ $= A_u(u_{i1} - u_{i2})$	1. 抑制共模输入信号，对零漂有很强抑制作用； 2. 放大差模输入信号，只放大两个输入信号的差值信号
功率放大电路	u_i i_i	$u_o = A_u u_i$	1. 利用NPN型和PNP型三极管的互补特性，称为"互补"放大电路。 2. 两只不同极性的三极管在工作时，一只导通放大，另一只截止，工作在推挽状态

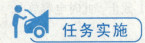

1. 准备工作

根据任务要求准备：3 V 直流电源，MIC6050 焊线麦克风话筒，9014、8050 三极管，8.2 kΩ、1 kΩ、100 kΩ 固定电阻，1 kΩ 光敏电阻，4.7 μF 电容，LED，万用表，面包板，导线若干。

2. 操作流程

（1）检测电路元件型号和参数，并检测元件性能。

（2）在面包板上连接如图 3-3-10 所示的音频放大电路。

（3）静态时，检测三极管 Q1、Q2 基极、集电极和发射极电位以及流过各极的电流，确定静态工作点。

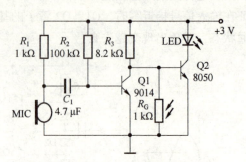

图 3-3-10　音频放大电路

（4）当光敏电阻受光照时，用声波振动话筒，观察 LED 灯电量情况，分析说明其原理。

（5）遮住光敏电阻，使之不受光照，再用声波振动话筒，观察 LED 灯电量情况，分析说明其原理。

3. 操作提示

（1）图 3-3-10 中 MIC 为驻极体话筒。驻极体话筒具有体积小、结构简单、电声性能好、价格低的特点，广泛用于盒式录音机、无线话筒及声控等电路中，属于最常用的电容话筒。由于输入和输出阻抗很高，所以要在这种话筒外壳内设置一个场效应管作为阻抗转换器，为此驻极体电容式话筒在工作时需要直流工作电压。声电转换的关键元件是驻极体振动膜。振动膜置于电容两极板之间，当驻极体膜片遇到声波振动时，引起电容两端的电场发生变化，从而产生了随声波变化而变化的交变电压。

（2）话筒不说话时电阻为 1 kΩ 左右，说话时电阻为 1.3 kΩ 左右。

复习与思考题

（1）放大电路无信号输入时，三极管各电极的电压和电流分别对应于输入、输出特性曲线上的一个点，称为（　　），用 Q 表示。

A. 动态工作点　　　　B. 静态工作点　　　　C. 放大工作点

（2）直接耦合放大电路存在（　　）严重问题。

A. 零点漂移　　　　B. 放大失真　　　　C. 放大倍数不高

（3）基本放大电路静态供电选择不当会出现（　　）。

A. 截止失真　　　　B. 饱和失真　　　　C. 放大失真

（4）差动放大电路是如何实现抑制零点漂移的？

1. MOS 管差动放大电路

如图 3-3-11 所示，MOS 管差动放大电路由两个完全对称的共发射极 MOS 管放大电路组成。电路除具备三极管电路特点外，由于 MOS 管栅极是绝缘的，其输入电阻更高、温度稳定性更好。其放大原理与三极管差动放大电路类似。

（1）静态时，$u_{i1}=u_{i2}=0$，则 $U_o=U_{D1}-U_{D2}=0$。当温度升高时，两管电流均增加、漏极电位均下降，两管变化量相等，即

$$U_o = (U_{D1}+\Delta U_{D1}) - (U_{D2}+\Delta U_{D2}) = 0$$

其输出电压仍然为零。

（2）有信号输入时的工作情况。

① 共模输入信号——需要抑制的信号。

当在差动放大管 Q1 和 Q2 的栅极输入信号电压 $u_{i1}=u_{i2}$ 大小相等、极性相同的共模信号时，两管漏极电流同量的增加，两管漏极电位呈等量同向变化，所以输出电压为零，MOS 管差动电路对共模信号具有很强的抑制能力。

② 差模输入信号——需要放大的信号。

当输入信号电压 $u_{i1}=-u_{i2}$ 大小相等、极性相反，两管漏极电位一减一增，呈等量异向变化，即 $\Delta u_{D1}=-\Delta u_{D2}$，则有

$$u_o = u_{D1}-u_{D2} = (U_{D1}-\Delta u_{D1}) - (U_{D2}+\Delta u_{D2}) = -2\Delta u_{D1}$$

由此可知，MOS 管差动放大电路对差模信号有放大能力。

2. 互补对称 OCL 放大电路

如图 3-3-12 所示，互补对称电路是集成功率放大电路输出级的基本形式。它直接与负载相连，无输出电容，简称 OCL 电路。OCL 电路采用双电源供电。Q1、Q2 的特性一致，一个为 NPN 型、一个为 PNP 型，两管均接成射极输出器。

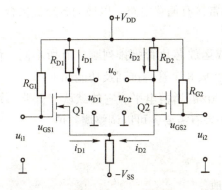

图 3-3-11　双电源 MOS 管差动放大电路

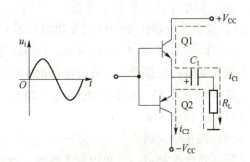

图 3-3-12　互补对称 OCL 放大电路

输入信号正半周时，Q2 截止，Q1 导通，i_{C1} 流过负载；负半周 Q1 截止，Q2 导通，i_{C2} 流过负载。在信号的整个周期都有电流流过负载，负载上电流和电压基本上是正弦波。

任务 3.4　光控报警电路的检测

🎯 任务引入

在分析检查光控报警电路时，需对光控报警电路进行检测。因此，需了解光控报警电路相关理论知识和检测方法。

大国工匠　案例十二

相关理论知识

3.4.1　集成运算放大器概述

集成运算放大器是一种具有很高放大倍数（高增益）的多级直接耦合放大电路，是发展最早、应用最广泛的一种模拟集成电路。集成运算放大器简称运放，是一种多端集成电路。早期，运放主要用来完成模拟信号的求和、微分和积分等运算，故称为运算放大器。随着电子技术的不断发展，分立元件的多级放大电路已经被集成在一块半导体芯片内，构成了集成运算放大器。

1. 集成运放的基本组成

如图 3-4-1（a）所示，集成运放主要由差动输入级、中间放大级、功率输出级电路组成。

（1）输入级：采用带恒流源的差动放大电路。输入电阻高，利用差动电路的对称特性，减小零点漂移和抑制干扰信号。

（2）中间级：中间级应有足够大的电压放大倍数，一般采用多级共发射极直接耦合放大电路。

（3）输出级：常用互补对称推挽放大电路，以降低输出电阻，提高带负载能力。

集成运放内部主要有上述三个部分，其外部还常接有偏置电路，以便向各级提供合适的工作电流，以稳定各级静态工作点。

（4）集成运放芯片管脚排列及功能。不同集成运放芯片管脚排列顺序有所不同，但功能是一样的。如图 3-4-1（b）所示，LM386 集成运放 8 个管脚排列及功能如下：

1 脚和 8 脚：增益设定。通过连接的电容调整 20× 的增益电平。它的默认（开路）增益（放大倍数）为 20 倍（将输入电压放大 20 倍）。如果有需要，可以调整增益值。

2 脚：反相输入端。

3 脚：同相输入端。

4 脚：负电源端 $-U_{EE}$，单电源工作时，此端接地。

5 脚：输出端。

6 脚：正电源端 $+U_{CC}$。

7 脚：通过旁路电容接地，该引脚主要用于去除电源噪声（防止噪声被放大）。

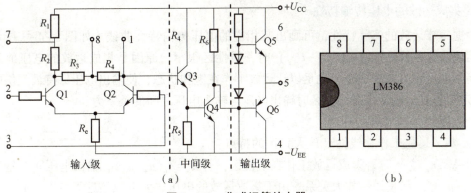

图 3-4-1 集成运算放大器

(a) 组成结构示意图；(b) 芯片管脚排列

2. 集成运放电路符号

运算放大器是一种可以进行数学运算的放大电路。运算放大器不仅可以通过增大或减小模拟输入信号来实现放大，还可以进行加减法以及微积分等运算。所以，运算放大器是一种用途广泛，又便于使用的集成电路。

如图 3-4-2 所示，运算放大器的电路符号有同相输入端 u_+ 和反相输入端 u_- 两个输入引脚，以及一个输出引脚 u_o。实际上运算放大器还有电源引脚（$+U_{CC}$、$-U_{EE}$）和偏移输入引脚等，在电路符号上没有表示出来。

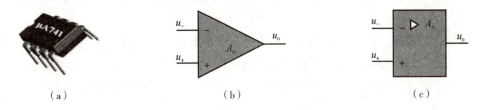

图 3-4-2 集成运算放大器电路符号

(a) 实物图片；(b) 美国符号；(c) 国际符号

3. 集成运算放大器的特点

运算放大器具有高增益、高可靠性、低成本、小体积等特点。运算放大器的输出电压 u_o 由两个输入端的电位 u_+ 和 u_- 的电位差 $u_d = (u_+ - u_-)$ 来控制，其关系式为

$$u_o = A u_d = A(u_+ - u_-)$$

（1）开环电压放大倍数 A 极度高，为几十至几百万倍，增益为 80~140 dB；

（2）差动输入电阻很大，一般在几十千欧至百万兆欧；

（3）闭环输出电阻很小，在几十欧至几百欧；

（4）共模抑制比 K_{CMR} 高，为 70~130 dB；

（5）集成运放的输入方式分为反相输入、同相输入和差动输入三种方式。

通用型运算放大器就是以通用为目的而设计的。这类器件的主要特点是价格低廉、产品量大面广，其性能指标能适合于一般性使用。例如，mA741（单运放）、LM358（双运放）、LM324（四运放）及以场效应管为输入级的 LF356 都属于此种，它们是目前应用最为广泛的集成运算放大器。

4. 集成运放的电压传输特性

根据集成运放的实际特性,可画出其相应的电压传输特性曲线。如图 3-4-3 所示,当集成运放工作在线性区($+U_{CC} \sim -U_{EE}$)时,线性区很窄。原因是集成运放的电压放大倍数相当高,即使输入电压很小,也足以让运放工作在饱和状态,使输出电压保持最大供电电压 U_{CC} 稳定。集成运放工作在线性区时输出电压与输入电压之间的关系为

$$u_o = f(u_i) = A_o(u_+ - u_-)$$

1) 集成运放工作在线性(放大)区的特点

当 $-\varepsilon \leq u_d \leq +\varepsilon$ 时,集成运放工作在线性区,有 $u_o = A_o(u_+ - u_-)$,输出电压 u_o 与输入电压 $u_d = (u_+ - u_-)$ 之间是线性放大关系。由于集成运放的电压放大倍数接近无穷大,$A_o \to \infty$,只要 $u_d = (u_+ - u_-) \neq 0$,输出电压 u_o 就会达到饱和值,无法实现线性放大。要想实现线性放大,只有减小电压放大倍数 A_o。

2) 集成运放工作在非线性(饱和)区的特点

当 $u_d > +\varepsilon$ 或 $u_d < -\varepsilon$ 时,集成运放工作在非线性区,处于开环或正反馈状态下。由于集成运放的电压放大倍数接近无穷大,$A_o \to \infty$,只要不加负反馈即工作在非线性区(饱和区)。此时有:

当同相输入端信号电压 u_+ 大于反相输入端信号电压 u_- 时,输出端电压 $u_o = +U_{CC}$,即

$$u_+ > u_- \text{ 时},\ u_o = +U_{CC}$$

当同相输入端信号电压 u_+ 小于反相输入端信号电压 u_- 时,输出端电压 $u_o = -U_{EE}$,即

$$u_+ < u_- \text{ 时},\ u_o = -U_{EE}$$

非线性区的运放,输出电阻仍可以认为是零值。此时运放的输出量与输入量之间为非线性关系,输出端信号电压或为正饱和值,或为负饱和值。

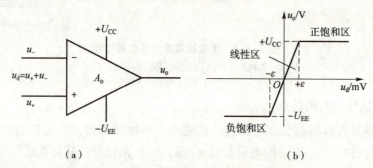

图 3-4-3 集成运放的电压传输特性曲线
(a)传输电路;(b)传输特性曲线

集成运放工作于非线性区的显著特点就是运行在开环或正反馈状态下。因运放的开环电压放大倍数 A_o 极高,所以只要输入一个很小的信号电压,即可使运放进入非线性区。运放工作在非线性区时,输入和输出不呈线性关系。

3.4.2 放大电路的反馈

如图 3-4-4 所示,反馈就是把放大电路的输出量的一部分或全部,通过反馈网络以一定的方式又引回到放大电路的输入回路中去,以影响电路输入信号的作用过程。

放大电路静态工作点会随温度的变化而上下波动，其放大倍数不稳定。为了稳定放大电路的静态工作点，可采用分压式工作点稳定电路，在电路中引入一个直流电流负反馈。

为了提高输入电阻，降低输出电阻，可采用射极输出器，在射极输出器电路中引入电压串联负反馈。

1. 反馈的分类

1）正反馈与负反馈

根据反馈信号极性，可分为正反馈和负反馈。使放大电路净输入量增大的反馈称为正反馈，即 x_f 与 x_i 作用相同，使 x_d 增加；使放大电路净输入量减小的反馈称为负反馈，即 x_f 与 x_i 作用相反，使 x_d 减小。正反馈虽然能够提高放大倍数，但会使电路工作变得不稳定。实际工作中正反馈常用于产生正弦波振荡。负反馈虽然降低了放大电路的放大倍数，但是能够改善放大电路的各项性能。

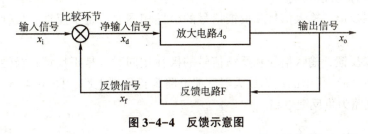

图 3-4-4　反馈示意图

2）电压反馈与电流反馈

根据反馈信号与输出信号的关系，可分为电压反馈和电流反馈。反馈信号与输出电压成正比为电压反馈，即 $x_f \propto u_o(x_o)$；反馈信号与输出电流成正比为电流反馈，即 $x_f \propto i_o(x_o)$。

3）串联反馈与并联反馈

根据反馈信号与输入信号的关系，可分为串联反馈和并联反馈。反馈信号与输入信号在放大电路的输入回路中以电压的形式求和，即反馈信号 x_f 与输入信号 x_i 串联，称为串联反馈。反馈信号与输入信号在放大电路的输入回路中以电流的形式求和，即反馈信号 x_f 与输入信号 x_i 并联，称为并联反馈。

2. 运算放大器电路反馈类型的判别

1）有无反馈的判别

通过检查放大电路的输出回路与输入回路之间是否存在相互联系的反馈通路来判断电路中是否引入反馈。如图 3-4-5 所示，两个运算放大器电路中由电阻 R_f 将输出回路与输入回路联系起来的通路就是反馈电路，其中 R_f 为反馈电阻。

2）电压反馈与电流反馈判别

反馈电路直接从输出端引出的，是电压反馈；从负载电阻 R_L 的靠近"地"端引出的，是电流反馈。如图 3-4-5 所示，两个运算放大器反馈电路均为电压反馈电路。

3）串联反馈和并联反馈判别

输入信号和反馈信号分别加在两个输入端（同相和反相）上的，是串联反馈；加在同一个输入端（同相或反相）上的，是并联反馈。如图 3-4-5 所示，两个运算放大器反馈电路均为并联反馈电路。

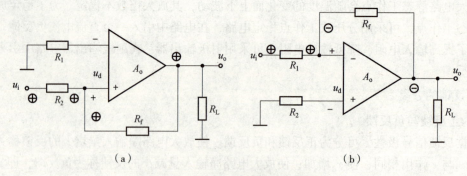

图 3-4-5 运算放大器电路反馈类型
(a) 电压并联正反馈；(b) 电压并联负反馈

4）负反馈和正反馈判别

（1）对串联反馈，输入信号和反馈信号的极性相同时，是负反馈；极性相反时，是正反馈。

（2）对并联反馈，输入信号和反馈信号的极性相同时，是正反馈；极性相反时，是负反馈。图 3-4-5（a）所示的运算放大器反馈电路为正反馈电路，图 3-4-5（b）所示的运算放大器反馈电路为负反馈电路。

3.4.3　理想运算放大器

为简化分析过程，同时又能满足实际工程的需要，在分析由运算放大器组成的各种功能电路时，通常将实际的运算放大器理想化。理想运算放大器电路符号如图 3-4-6（a）所示。

1. 理想运放的主要条件

（1）开环电压放大倍数为无穷大：$A_o \to \infty$。

（2）运算放大器的输入电阻为无穷大：$r_i \to \infty$。

（3）输出电阻为零：$r_o \to 0$。

2. 理想运算放大器电压传输特性

运算放大器的开环放大倍数为无穷大，所以只要它的输入端的输入电压不为零，输出端就会有与正的或负的电源一样高的输出电压，本来应该是无穷高的输出电压，但受到电源电压的限制，它只能输出电源电压。具体表现为：

（1）如果同相输入端输入的电压比反相输入端输入的电压高，哪怕只高极小的一点，运算放大器的输出端就会输出一个与正电源电压相同的电压$+U_{CC}$，即 $u_+ > u_-$ 时，$u_o = +U_{CC}$。

（2）如果反相输入端输入的电压比同相输入端输入的电压高，同样哪怕只高极小的一点，运算放大器的输出端就会输出一个与负电源电压相同的电压$-U_{EE}$（如果运算放大器用的是单电源，则输出电压为零），即 $u_- > u_+$ 时，$u_o = -U_{EE}$。

理想运算放大器电压传输特性说明：由于电压放大倍数为无穷大，所以不能将运算放大器直接用来作放大器用，必须要将输出的信号反馈到反相输入端（称为负反馈）来降低它的放大倍数。

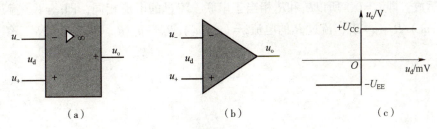

图 3-4-6　理想运算放大器符号与传输特性

(a) 国际符号；(b) 美国符号；(c) 传输特性曲线

2. 理想运放的电路分析基础

1) 虚短

由于理想运放的电压放大倍数 $A_o \to \infty$，而运放的输出电压 u_o 是有限的（为 10～14 V），根据 $u_o = A_o u_d = A_o (u_+ - u_-)$，即有 $u_d = (u_+ - u_-) = u_o / A_o \approx 0$，得出 $u_+ \approx u_-$，两输入端近似等电位（运放的差模输入电压不足 1 mV），相当于短路，称为"虚短"。"虚短"是指在分析运算放大器处于线性状态时，可把两输入端视为等电位，这一特性称为虚假短路，简称虚短，显然不能将两输入端真正短路。

2) 虚断

由于运放的差模输入电阻 $r_i \to \infty$，根据 $i_d = u_d / r_i \approx 0$，得出 $i_d \approx 0$，流入理想运放输入端的电流近似等于零（往往不足 1 μA），远小于输入端外电路的电流，故可把运放的两输入端视为开路，即 $i_+ = i_- = 0$，相当于断路，称为"虚断"。"虚断"是指在分析运放处于线性状态时，可以把两输入端视为等效开路，这一特性称为虚假断路，简称虚断，显然不能将两输入端真正断路。

3) 虚地

当运放的同相端（或反相端）接地时，运放的另一端也相当于接地，我们称其为"虚地"。

3. 引入深度负反馈时理想运放

由 $u_o = A_o u_d = A_o (u_+ - u_-)$ 可知，集成运放工作在线性区时，输出电压 u_o 与输入电压 u_d 之间是线性放大关系。由于理想运放的电压放大倍数接近无穷大，$A_o \to \infty$，只要输入电压 $u_d \neq 0$，输出电压 u_o 就会进入饱和值，无法实现线性放大。要想实现线性放大，只有减小电压放大倍数 A_o，而减小电压放大倍数最好的办法是引入负反馈。因此，运放在线性区工作，通常引入深度电压负反馈，降低电压放大倍数，以免进入饱和区。

4. 理想运放的线性应用（运算放大器）

理想运放根据输入方式的不同，构成两种最基本的实用放大电路，成为其他各种应用电路的基础。

1) 反相比例运算放大器

如图 3-4-7（a）所示，在反向比例运算放大电路中，运放的同向端接地，反向端输入。由于同向端接地，$u_+ = 0$。

根据虚短两输入端等电位，即 $u_+ = u_- = 0$；又根据虚断可知，输入电阻很高，几乎没有电流注入运放，即 $i_d=0$，所以 R_1 和 R_f 相当于串联，流过的电流相同，即 $i_1=i_f$。流过 R_1 的电流 $i_1=(u_i-u_-)/R_1=u_i/R_1$，流过 R_f 的电流 $i_f=(u_--u_o)/R_f=-u_o/R_f$，两电流相等，有

$$\frac{u_i}{R_1}=\frac{-u_o}{R_f}$$

解方程得

$$u_o=-\frac{R_f}{R_1}u_i$$

由上式可知，输出电压 u_o 与输入电压 u_i 相位相反，且选择不同阻值的 R_1 和 R_f 会得到不同放大比例的闭环电压放大倍数，因此称为反相比例运算放大器；R_2 为平衡电阻，且有

$$R_2=R_1//R_f$$

当 $R_f=R_1$ 时，$u_o=-u_i$，反相比例运算放大电路相当于电压反相器。

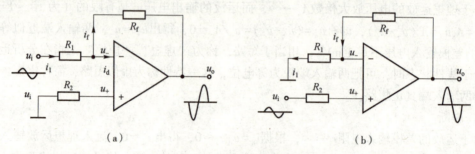

图 3-4-7 运算放大电路
(a) 反相比例运算电路；(b) 同相比例运算电路

2) 同相比例运算放大器

如图 3-4-7 (b) 所示，在同相比例运算放大电路中，运放的反相端接地，同相端输入。

由虚短得：$u_+=u_-=u_i$；因为虚断，反向输入端几乎没有电流流入流出运放，所以 $i_1=i_f$。

流过 R_1 的电流 $i_1=-u_-/R_1=u_i/R_1$，流过 R_f 的电流 $i_f=(u_o-u_-)/R_f=(u_o-u_i)/R_f$，两电流相等，有

$$u_i/R_1=(u_o-u_i)/R_f$$

联立方程求出

$$u_o=\left(1+\frac{R_f}{R_1}\right)u_i$$

由上式可知，输出电压 u_o 与输入电压 u_i 相位相同，且选择不同阻值的 R_1 和 R_f 会得到不同放大比例的闭环电压放大倍数，因此称为同相比例运算放大器；平衡电阻 $R_2=R_1//R_f$。

当 $R_f=0$ 时，$u_o=u_i$，同相比例运算放大电路相当于电压跟随器。

3) 加法器运算放大器

加法器运算放大器电路如图 3-4-8 所示。

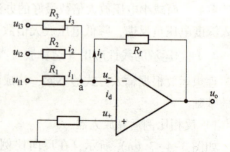

图 3-4-8 加法器运算放大器电路

由于"虚短"，理想运放的输入电流为零，即 $i_d=0$，所以有 $i_f=i_1+i_2+i_3$；

由于"虚断",则节点1的电位为零,列写方程:
$$i_3 = (u_{i3} - 0)/R_3 = u_{i3}/R_3$$
$$i_2 = (u_{i2} - 0)/R_2 = u_{i2}/R_2$$
$$i_1 = (u_{i1} - 0)/R_1 = u_{i1}/R_1$$
$$i_f = (0 - u_o)/R_f = u_o/R_f$$

列写节点方程(KCL方程),有 $i_f = i_1 + i_2 + i_3$,所以,
$$i_f = -R_f(u_{i1}/R_f + u_{i2}/R_2 + u_{i3}/R_3)$$

由此可见,当 $R_1 = R_2 = R_3 = R_f$ 时,$u_o = -(u_{i1} + u_{i2} + u_{i3})$。其实,该电路正是一个由运算放大器构成的反相加法器。

5. 理想运放的非线性应用(电压比较器)

1) 电压比较器的功能

电压比较器是利用理想运算放大器工作在饱和区的特点,来比较两个输入信号电压的大小,在输出端显示出比较的结果(用输出电压的高或低电平,表示两个输入电压的大小关系)。

电压比较器是工作在开环状态或引入正反馈的理想运算放大器。运算放大器处在开环状态,由于电压放大倍数极高,因而输入端之间只要有微小电压,运算放大器便进入非线性工作区域,输出电压 u_o 达到饱和值(最大值)。理想运放工作在饱和区的特点:

(1) 输出只有两种可能 $+U_{CC}$ 或 $-U_{EE}$。

当同相输入端的电位高于反相输入端,即 $u_+ > u_-$ 时,输出高电平 $u_o = +U_{CC}$;当反相输入端的电位高于同相输入端,即 $u_- > u_+$ 时,输出低电平 $u_o = -U_{EE}$;不存在"虚短"现象。

(2) $i_+ = i_- \approx 0$,仍存在"虚断"现象。

电压比较器在数模转换、数字仪表、自动控制和自动检测等技术领域,以及波形产生及变换等场合中有广泛的应用。利用集成运放工作在非线性区的特性,可以构成多种电压比较电路。

2) 基本电压比较器

若电压比较器的参考电压不为零,而是某一任意数值 U_R,则构成图3-4-9(a)所示的任意电压比较器。若将参考电压接在同相输入端,输入信号接在反相输入端,则有:

(1) 当输入信号电压 $u_i < U_R$ 时,$u_o = +U_{CC}$;

(2) 当输入信号电压 $u_i > U_R$ 时,$u_o = -U_{EE}$。

可见,在 $u_i = U_R$ 处,输出电压 u_o 发生跃变。在任意电压比较器中,使输出电压 u_o 从高电平跃变为低电平(或者从低电平跃变为高电平)的输入电压称为阈值电压(或门限电压),记作 u_t。图3-4-9(b)所示电路的阈值电压,即为 $u_t = U_R$。这种电压比较器的特点是,输入信号每次经过参考电压 U_R 时输出要跳变,也称为一般单限电压比较器。

3) 过零电压比较器

图3-4-10(a)所示为一种最简单的单限电压比较器,其同相输入端接地,即参考电压为零。图3-4-10(a)中运放处于开环状态(没有反馈),由于集成运放开环电压放大倍数很高,即使输入端有一个非常小的差值信号,也会使输出达到饱和值,因此集成运放工作在非线性区。集成运放工作在非线性区时,输出电压 u_o 只有高电平、低电平两种可能。利用过零电压比较器可以把正弦波变换成方波。如图3-4-10(b)所示,由于将同相输入端

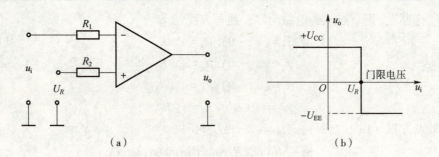

(a)

(b)

图 3-4-9 任意电压比较器

(a) 任意电压比较器电路；(b) 波形

接地，门限电压等于 $U_R=0$，因此为过零电压比较器。当输入电压高于门限电压 0 值时，输出最大正的饱和值 $+U_{CC}$；当输入电压低于门限电压 0 值时，输出最大负的饱和值 $-U_{CC}$，这样就可将正弦波转变为矩形波。

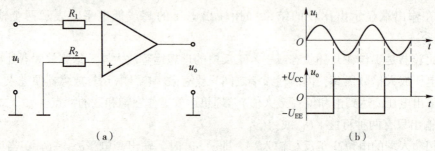

(a)

(b)

图 3-4-10 过零电压比较器

(a) 过零电压比较器电路；(b) 波形

3.4.4 知识点小结（表 3-5）

表 3-5 知识点小结

电路	符号电路	分析方法与电路特性
理想运算放大器		1. 开环放大倍数：$A_o \to \infty$； 2. 开环输入电阻：$r_i \to \infty$； 3. 开环输出电阻：$r_c \to 0$
反馈电路		1. 正反馈与负反馈； 2. 电压和电流反馈； 3. 串联反馈与并联反馈
反相放大器		$u_+ = u_- = 0$，$u_o = -\dfrac{R_f}{R_1} u_i$
同相放大器		$u_+ = u_- = u_i$，$u_o = \left(1 + \dfrac{R_f}{R_1}\right) u_i$

续表

电路	符号电路	分析方法与电路特性
加法器		$R_1 = R_2 = R_3 = R_f$ $u_+ = u_- = 0$, $u_o = -(u_{i1} + u_{i2} + u_{i3})$
任意电压比较器		任意门限电压 U_R, 则有: 1. 当 $u_i > U_R$ 时, 则 $u_o = -U_{EE}$; 2. 当 $u_i < U_R$ 时, 则 $u_o = +U_{CC}$
过零电压比较器		同相输入端接地, 即参考电压为零, 输出电压 u_o 只有高电平、低电平两种可能

任务实施

1. 准备工作

根据任务要求准备：10 kΩ 电阻 2 个、1 kΩ 电阻 2 个、1 kΩ 光敏电阻、10 kΩ 可调电位器、4 Ω 扬声器负载、LED 两个、LM393 运算放大器、104 电容、100 μF 电容、5 V 直流电源、面包板、万用表、导线。

2. 操作流程

（1）检测电路元件性能；

（2）在面包板上连接如图 3-4-11 所示的电路；

（3）用光反复照射光电二极管，聆听报警喇叭是否报警；

（4）改变可变电阻器阻值，再用光反复照射光电二极管，聆听报警喇叭报警音量变化。

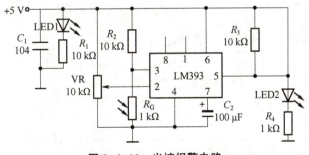

图 3-4-11 光控报警电路

3. 操作提示

（1）如图 3-4-11 所示，VR 是一个可调电阻，通过它调节电压比较器反相输入端的电压。

(2) R_2 和光敏电阻 R_G 分压控制同相输入端的电压。

(3) 当光敏电阻有光照射阻值减小，反相输入端 IN-端电压大于同相输入端 IN+时，输出端 OUT 输出低电平，指示灯亮起，报警器不响。

(4) 当光敏电阻无光照射阻值增大，同相输入端 IN+端电压大于反相输入端 IN-时，输出端 OUT 输出高电平，指示灯熄灭，报警器响起。

(5) 通过调节 VR，可以调节比较器的灵敏度。

(6) 由于我们使用的默认增益为 20×，因此引脚 1 和 8 保持悬空状态。

(7) 在旁路引脚 7 和 GND 之间放置一个 100 μF 的电容器，以防止某些电源噪声被放大。

(8) C_1 为电源滤波电容，LED1 为电源指示灯，LED2 为报警器指示灯。

复习与思考题

(1) 集成运算放大器用于运算放大时必须（　　）。
A. 引入正反馈　　　　B. 引入负反馈　　　　C. 同时引入正反馈和负反馈

(2) 理想运算放大器输入电阻接近无穷大，使它能够获得更多（　　）。
A. 电压信号　　　　B. 电流信号　　　　C. 交流信号

(3) 任意电压比较器与过零电压比较器的电路区别在于比较输入端（　　）。
A. 是否接地　　　　B. 是否有电流　　　　C. 是否有电压

(4) 理想运放的虚短和虚断的含义？

知识技能拓展

(1) 由于电压跟随器具有缓冲、隔离、提高带载能力的作用，得到广泛应用。请查资料分析说明电压跟随器是如何实现输出电压近似输入电压，即 $u_o \approx u_i$。

(2) 请查资料分析说明如图 3-4-12 所示音频放大电路中各元件的作用。

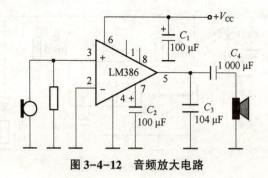

图 3-4-12　音频放大电路

项目四　数字电路的检测

 项目引入

随着汽车信息化和智能化发展，电子技术得到了广泛应用。电子技术包括模拟电子技术和数字电子技术，数字电路好比人的大脑。对数字信号进行传输、处理、输出，着重研究的是输入、输出信号之间的逻辑关系。在汽车电控系统开发、设计、检测和维修过程中，都需要进行数字电路的检测。数字电路检测项目主要介绍门电路、触发器以及由它们构成的各种组合逻辑电路和时序逻辑电路的相关知识和检测方法。本项目依据典型的职业工作内容和"1+X"证书制度要求，设计4个教学任务，将相关知识和技能融入各个任务中，培养学生模拟电子电路分析能力、制作能力、检测仪器仪表使用能力、技术资料查询和创新能力。

任务4.1　汽车防盗控制电路的检测

 任务引入

数字电路具有逻辑控制功能，汽车数字控制电路功能是由诸多因素决定的，这些因素又具备一定的逻辑关系，只有这些条件都具备时，系统才能正常工作。而这些条件多以开关或密码的形式存在。在汽车防盗控制电路检查时，需要检测逻辑电路输入与输出的逻辑关系。因此，应了解逻辑电路相关知识和检测方法。

大国工匠　案例十三

4.1.1 数字电路概述

用数字信号完成对数字量进行算术运算和逻辑运算的电路称为数字电路或数字系统。由于它具有逻辑运算和逻辑处理功能，所以又称数字逻辑电路。现代的数字电路由半导体工艺制成的若干数字集成器件构造而成。逻辑门是数字逻辑电路的基本单元。存储器是用来存储二进制数据的数字电路。从整体上看，数字电路可以分为组合逻辑电路和时序逻辑电路两大类。

组合逻辑电路简称组合电路，它由最基本的逻辑门电路组合而成。其特点是：输出值只与当时的输入值有关，即输出只由当时的输入值决定；电路没有记忆功能，输出状态随着输入状态的变化而变化，类似于电阻性电路，如加法器、译码器、编码器、数据选择器等都属于此类。

时序逻辑电路简称时序电路，它是由最基本的逻辑门电路加上反馈逻辑回路（输出到输入）或器件组合而成的电路，与组合电路最本质的区别在于时序电路具有记忆功能。时序电路的特点是：输出不仅取决于当时的输入值，而且还与电路过去的状态有关。它类似于含储能元件的电感或电容的电路，如触发器、锁存器、计数器、移位寄存器、存储器等电路都是时序电路的典型器件。

1. 常见电信号分类

电子电路中的信号一般分为模拟信号和数字信号。

1）模拟信号

模拟信号（Analog Signal）是在时间和大小上随时间连续变化的信号。图4-1-1（a）所示的正弦波信号即为模拟信号。处理模拟信号的电路称为模拟电路，如整流电路、放大电路等，它注重研究的是输入和输出信号间的大小及相位关系。在模拟电路中，晶体管三极管通常工作在放大区。

2）数字信号

数字信号（Digital Signal）是一种在时间和大小上不连续变化的、离散的信号。图4-1-1（b）、（c）所示的矩形波和三角波信号均为数字信号。处理数字信号的电路称为数字电路，它注重研究的是输入、输出信号之间的逻辑关系。在数字电路中，晶体管一般工作在截止区和饱和区，起开关的作用。

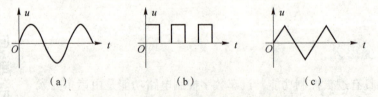

图4-1-1 模拟信号和数字信号波形
(a) 正弦波信号；(b) 矩形波信号；(c) 三角波信号

2. 数字信号的相关知识

1）高低电平

如图4-1-2所示，数字电路中高低电平是指一定的电压数值范围，是由特定电压作为标准值（比如3.3 V），高低电平的值是通过标准值来判断的，在标准值以下规定为低电平"0"，以上规定为高电平"1"。

2）正负脉冲

数字信号也称数字脉冲信号，电路中没有脉冲信号时的状态称为静态，静态时的电压值可以为正、为负或为零（一般在0 V左右）。脉冲出现时，脉冲跃变后的值比初始值高为正脉冲，脉冲跃变后的值比初始值低为负脉冲。数字信号由低脉冲向高脉冲的跃变称信号脉冲上升沿或前沿，由高脉冲向低脉冲的跃变称信号脉冲下降沿或后沿。

3）占空比D_R

占空比D_R等于脉冲宽度与脉冲周期之比，即

$$D_R = T_W/T_S \times 100\%$$

式中，D_R为占空比；T_W为脉冲宽度；T_S为脉冲周期。

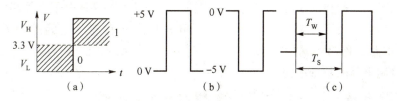

图 4-1-2　数字脉冲信号
(a) 高低电平；(b) 正负脉冲；(c) 占空比

3. 数字电路的优点

1）抗干扰能力强

在数字电路中，由于数字信号只有0、1两个状态，它的值是通过中央值来判断的，在中央值以下规定为0，以上规定为1。所以即使混入了其他干扰信号，只要干扰信号的值不超过阈值范围，就可以再现出原来的信号。即使因干扰信号的值超过阈值范围而出现了误码，只要采用一定的编码技术，也很容易将出错的信号检测出来并加以纠正。因此，与模拟信号相比，数字信号在传输过程中具有更高的抗干扰能力，更远的传输距离，且失真幅度小。

2）易于长期存储

数字通信的信号形式和计算机所用信号一致，都是二进制代码，因此便于与计算机联网，也便于用计算机对数字信号进行存储、处理和交换，可使通信网的管理、维护实现自动化、智能化。

3）设备便于集成化

数字通信采用时分多路复用，不需要体积较大的滤波器。设备中大部分电路是数字电路，可用大规模和超大规模集成电路实现，因此体积小、功耗低。

4.1.2　基本逻辑门电路

日常生活中我们会遇到很多结果完全对立而又相互依存的事件，如开关的通断、电位的高低、信号的有无等，显然这些都可以表示为二值变量的逻辑关系。事件发生的条件与结果之间应遵循的规律称为逻辑。一般来讲，事件的发生条件与产生的结果均为有限个状态，每

一个和结果有关的条件都有满足或不满足的可能,在逻辑中可以用"1"或"0"表示。显然,逻辑关系中的"1"和"0"并不是体现数值的大小,而是体现某种逻辑状态。如果我们在逻辑关系中用"1"表示高电平,"0"表示低电平,就是正逻辑;如果用"1"表示低电平,"0"表示高电平,则为负逻辑。本书不加特殊说明均采用正逻辑。在电子技术中,逻辑关系就是具备某种条件就必然出现某种结果。基本逻辑关系有"与""或""非"三种。

数字电路正是利用了二极管、三极管和 MOS 管的开关特性进行工作,从而实现了各种逻辑关系。显然,由这些晶体管构成的开关元件上只有通、断两种状态,若把"通"态用数字"1"表示,把"断"态用数字"0"表示,则这些开关元件仅有"0"和"1"两种取值,这种二值变量也称为逻辑变量,因此,由开关元件构成的数字电路又称为逻辑电路。

由晶体管开关元件构成的逻辑电路,工作时的状态像门一样按照一定的条件和规律打开或关闭,所以也称为门电路。门开——电路接通;门关——电路断开。

显然我们所说的逻辑门实际上就是前面讲到的电子开关,这种电子开关能按照一定的条件去控制信号的通过或不通过。门电路的输入和输出之间存在一定的逻辑关系(因果关系),所以门电路又称为逻辑门电路,简称为门电路。基本的门电路有与门、或门、非门,它们是逻辑控制电路的基础电路。

1. 与门逻辑电路

1) 与逻辑关系

当决定某事件的全部条件同时具备时,结果才会发生,这种因果关系叫作"与"逻辑,也称为逻辑乘。

2) 与门逻辑电路

实现逻辑与关系的门电路称为与门。如图 4-1-3 (a) 所示,与门控制逻辑就像两个串联开关 A 和 B 控制照明灯一样。A、B 两个开关是电路的输入变量,是逻辑关系中的条件,灯 Y 是输出变量,是逻辑关系中的结果。当只有一个条件具备时灯不会亮,只有 A 和 B 都闭合,即全部条件都满足时灯才亮。

与门逻辑电路如图 4-1-3 (b) 所示,两个输入端分别通过反向二极管并联与输出端通过电阻连接到电源上。

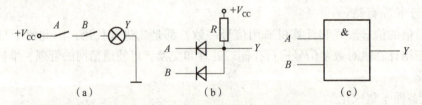

图 4-1-3 与门逻辑电路与符号

(a) 等效电路;(b) 逻辑电路;(c) 逻辑符号

(1) 输入中只要有一个为低电平"0"时,该低电平二极管就会迅速导通,将输出 Y 钳位至低电平"0";即使其余输入端为高电平,由于其串接的二极管呈截止态,输出仍为低电平。

(2) 输入全部为高电平时,输入端上串接的二极管都不导通,输出 Y 才被钳位在高电平"1"。

(3)一个"与"门的输入端至少为两个,输出端只有一个。与门逻辑符号如图4-1-3(c)所示。

3)与门逻辑表示方式

类似于同一正弦交流电可以用波形、瞬时表达式和相量表示,同一门逻辑也可以用逻辑表达式、真值表和波形图来表示。

(1)逻辑表达式。

$Y=A \cdot B$,称作 Y 等于 A 与 B 或 Y 等于 A 乘 B。

(2)真值表。

"与"逻辑中输入与输出的一一对应关系,不但可用逻辑表达式表示,还可以用表格形式列出,称为真值表。所谓真值表,就是将输入变量的所有可能的取值组合与对应的输出变量的值,列出来的表格。真值表以图4-1-4(a)的形式来表示。

(3)波形图。

与门逻辑输入与输出波形如图4-1-4(b)所示。

4)与门逻辑规律

有"0"出"0",全"1"出"1"。

常见的与门集成芯片有2输入四与门74LS08芯片,内部结构与引脚如图4-1-4(c)所示。

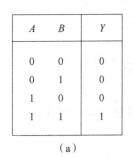
(a)

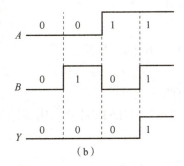
(b)

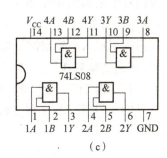
(c)

图4-1-4 与门真值表、波形与芯片结构
(a)真值表;(b)波形;(c)集成芯片结构

2. 或门电路

1)或逻辑关系

在决定事物结果的诸条件中只要有任何一个满足,结果就会发生,这种因果关系叫逻辑或,或者叫逻辑加。

2)或门逻辑电路

实现逻辑"或"关系的门电路称为或门。如图4-1-5(a)所示,或门控制逻辑就像两个并联开关 A 和 B 控制照明灯一样。A、B 两个开关是电路的输入变量,是逻辑关系中的条件;灯 Y 是输出变量,是逻辑关系中的结果。显然灯亮的条件是 A 和 B 只要一个闭合,灯就会亮,全部不闭合时灯不会亮。

或门逻辑电路如图4-1-5(b)所示,A、B 为输入端,Y 为输出端。该电路根据输入信号取值的不同,同样可分为如下两种工作情况。

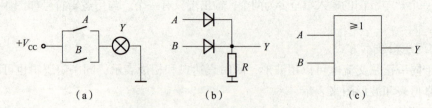

图 4-1-5 或门逻辑电路与符号

(a) 等效电路；(b) 逻辑电路；(c) 逻辑符号

(1) 当两个输入端 A、B 均为低电平"0"时，二极管均截止，输出端 Y 为低电平"0"。

(2) 当两个输入端 A、B 均为高电平"1"或者其中的一个为高电平"1"时，输入为高电平的二极管将处于导通状态，从而使得输出端 Y 为高电平"1"。

(3) 一个或门的输入端至少为两个，输出端只有一个。或门逻辑符号如图 4-1-5（c）所示。

3) 或门逻辑表示方式

(1) 逻辑表达式。

$Y=A+B$，称作 Y 等于 A 或 B，Y 等于 A 加 B。

(2) 真值表。

或门真值表如图 4-1-6（a）所示。

(3) 波形图。

或门逻辑输入与输出波形如图 4-1-6（b）所示。

4) 或门逻辑规律

有"1"出"1"，全"0"出"0"。

常见的或门集成芯片有 2 输入四或门 74LS32 芯片，内部结构与引脚如图 4-1-6（c）所示。

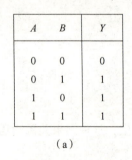
(a)

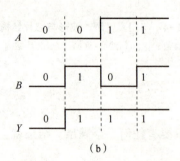
(b)

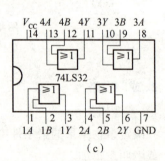
(c)

图 4-1-6 或门真值表与波形

(a) 真值表；(b) 波形；(c) 集成芯片结构

3. 非门电路

1) 非逻辑关系

只要条件具备了，结果便不会发生；而条件不具备时，结果一定发生，这种逻辑关系叫作逻辑非，也叫作逻辑求反。

2）非门逻辑电路

实现逻辑非关系的门电路称为非门，也叫反相器。如图4-1-7（a）所示，非门控制逻辑就像一个开关A与灯泡并联控制照明电路一样，只要开关A闭合，灯Y就熄灭；只要开关A断开，灯Y就被点亮。

非门逻辑电路如图4-1-7（b）所示，一个输入端接到三极管基极，输出端由集电极引出。

（1）当输入变量A为高电平"1"时，三极管饱和导通，输出Y为低电平"0"；

（2）当输入变量A为低电平"0"时，三极管截止，输出Y为高电平"1"；

（3）一个非门的输入端和输出端都只有一个。非门符号如图4-1-7（c）所示。

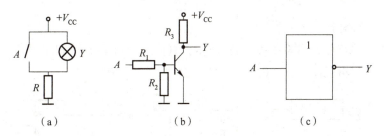

图 4-1-7　非门逻辑电路与符号

（a）等效电路；（b）逻辑电路；（c）逻辑符号

3）非门逻辑表达式

（1）逻辑表达式。

$Y = \overline{A}$，称作Y等于A的非。

（2）真值表。

非门真值表如图4-1-8（a）所示。

（3）波形图。

非门逻辑输入与输出波形如图4-1-8（b）所示。

4）非门逻辑规律

有"1"出"0"，有"0"出"1"。

常见非门集成芯片有六反相器CD4069芯片，内部结构与引脚如图4-1-8（c）所示。

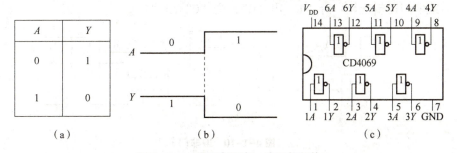

图 4-1-8　非门真值表、波形与芯片

（a）真值表；（b）波形；（c）集成芯片结构

4.1.3 复合逻辑门电路

为提高二极管和晶体管的应用范围,常把与门、或门和非门按照一定形式组合起来,构成各种复合门电路。

1. 与非门电路

如图 4-1-9(a)所示,"与非"门电路是由"与"门电路与"非"门电路复合而成的复合门电路。

(1) 与非门逻辑关系表达式:

$$Y=\overline{AB}$$

相当于在与门的基础上加了一个非门。

(2) 与非门的符号如图 4-1-9(a)所示,真值表如图 4-1-9(b)所示。

(3) 与非门逻辑规律:有"0"出"1",全"1"出"0"。

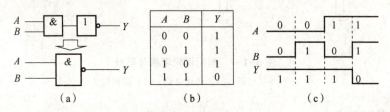

图 4-1-9 与非门

(a) 逻辑符号;(b) 真值表;(c) 波形图

2. 或非门

如图 4-1-10(a)所示,"或非"门电路是由"或"门电路与"非"门电路复合而成的复合门电路。

(1) 或非门逻辑关系表达式:

$$Y=\overline{A+B}$$

相当于在或门的基础上加了一个非门。

(2) 或非门的符号如图 4-1-10(a)所示,真值表如图 4-1-10(b)所示;

(3) 或非门逻辑规律:有"1"出"0",全"0"出"1"。

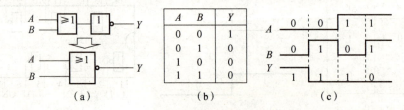

图 4-1-10 或非门

(a) 逻辑符号;(b) 真值表;(c) 波形图

4.1.4 组合逻辑电路的分析

1. 逻辑代数

逻辑是指事物的因果关系，或者说条件和结果的关系，这些因果关系可以用逻辑运算来表示，也就是用逻辑代数来描述。逻辑代数是分析和设计逻辑电路的数学基础。逻辑代数是由英国科学家乔治·布尔创立的，故又称布尔代数。参与逻辑运算的变量叫逻辑变量，用字母 A，B…表示。虽然它和普通代数一样也用字母表示变量，但变量的取值只有"0""1"两种，分别称为逻辑"0"和逻辑"1"。这里"0"和"1"并不表示数量的大小，而是表示两种相互对立的逻辑状态。逻辑代数所表示的是逻辑关系，而不是数量关系，这是它与普通代数的本质区别。逻辑代数也有其基本运算法则。

1）常量之间的运算法则
（1）与运算（逻辑与、逻辑乘）：$0 \cdot 0=0$，$0 \cdot 1=0$，$1 \cdot 0=0$，$1 \cdot 1=1$；
（2）或运算（逻辑或、逻辑加）：$0+0=0$，$0+1=1$，$1+0=1$，$1+1=1$；
（3）非运算（逻辑非、逻辑反）：$\bar{1}=0$，$\bar{0}=1$。

2）常量与变量的运算法则
（1）重叠律：$A \cdot A=A$；$A+A=A$；
（2）0-1律：$A \cdot 0=0$；$A+0=A$；
（3）自等律：$A \cdot 1=A$；$A+0=A$；
（4）还原律：$\bar{\bar{A}}=A$；
（5）互补律：$A+\bar{A}=1$；$A \cdot \bar{A}=0$。

3）变量与变量的运算法则
（1）交换律：$A+B=B+A$，$A \cdot B=B \cdot A$；
（2）结合律：$(A+B)+C=A+(B+C)$，$A \cdot (B \cdot C)=(A \cdot B) \cdot C$；
（3）分配律：$A \cdot (A+B)=AB+AC$，$A+(B \cdot C)=(A+B) \cdot (A+C)$；
（4）反演律：$\overline{A+B}=\bar{A} \cdot \bar{B}$，$\overline{A \cdot B}=\bar{A}+\bar{B}$；
（5）吸收律：$A \cdot (A+B)=A$，$A+A \cdot B=A$，$A+(\bar{A} \cdot B)=A \cdot B$，$A+\bar{A} \cdot B=A+B$。

2. 组合逻辑电路分析方法

任何时刻电路的输出状态只取决于该时刻的输入状态，而与该时刻以前的电路状态无关，这样的逻辑电路称为组合逻辑电路。组合逻辑电路分析目的是已知逻辑电路，确定逻辑功能。组合逻辑电路分析步骤：
（1）根据图 4-1-11（a）所示逻辑图，由输入变量（即 A 和 B）开始，逐级推导出各个门电路的输出端的逻辑表达式，最好将结果标明在图上。
（2）利用逻辑代数对输出结果进行变换或化简：

$Y = \overline{\overline{A \cdot \overline{AB}} \cdot \overline{B \cdot \overline{AB}}} = \overline{A \cdot \overline{AB}} + \overline{B \cdot \overline{AB}}$

$= A \cdot \overline{AB} + B \cdot \overline{AB}$ （反演律）

$= A \cdot (\bar{A}+\bar{B}) \cdot (\bar{A}+\bar{B})$ （反演律）

$= A \cdot \bar{A} + A \cdot \bar{B} + B \cdot \bar{A} + B \cdot \bar{B}$ （分配律）

$$= 0 + A \cdot \overline{B} + B \cdot \overline{A} + 0 \qquad\qquad (自等律)$$

即 $Y = A \cdot \overline{B} + \overline{A} \cdot B$

(3) 逻辑真值表，如图 4-1-11 (b) 所示。

(4) 分析逻辑功能。

输入 A、B 相同时，输出 $Y=0$；

输入 A、B 不同时，输出 $Y=1$。

逻辑功能表达式为 $Y = A \oplus B$，这种逻辑关系称为"异或"逻辑关系，电路称"异或"门。"异或"门逻辑符号如图 4-1-11 (c) 所示。

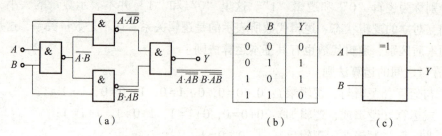

图 4-1-11　逻辑电路、真值表与符号
(a) 逻辑电路图；(b) 真值表；(c) 逻辑符号

4.1.5　集成门电路

前面所讲的门电路都是由分立元件组成的，分立元件构成的门电路，在实际应用中已经被集成门电路所替代。

采用半导体制作工艺，在一块较小的单晶硅片上制作上许多晶体管及电阻器、电容器等元器件，并按照多层布线或隧道布线的方法将元器件组合成完整的电子电路，这种特殊的工艺称为集成。集成门电路按基本组成元件不同可分为双极型集成逻辑门和单极型集成逻辑门两大类。

1. TTL 集成门电路

逻辑电路的输入端和输出端都采用了双极型晶体管（三极管），称之为 Transistor-Transistor-Logic（晶体管-晶体管-逻辑电路），简称为 TTL。TTL 集成门电路具有电路运行速度快、功耗大等特点。TTL 集成门电路又分为 54 和 74 等不同系列。其中 54 系列为军品，74 系列为民品。74 系列产品主要有 CT1000（74）通用系列、CT2000（74H）高速系列、CT3000（74S）肖特基系列和 CT4000（74LS）低功耗肖特基系列。74LS20 两个 4 输入或非门集成芯片内部结构和管脚排列如图 4-1-12 (b) 所示。

2. CMOS 集成门电路

逻辑电路的输入端和输出端都采用了场效应管（MOS 管），称之为 Complementary Metal Oxide Semiconductor（互补金属氧化物半导体），简称为 CMOS。CMOS 集成门电路具有电路运行速度慢、功耗很低、抗干扰能力强等特点。CMOS 集成门电路又分为 CC0000～CC4000（4000 系列）和高速系列，如 54HC、74HC 等。CC4011 四个 2 输入与非门集成芯片内部结构和管脚排列如图 4-1-12 (c) 所示。

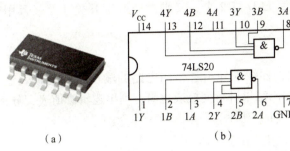
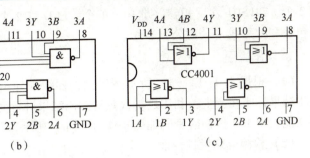

图 4-1-12 集成门电路

(a) 实物图；(b) TTL 芯片结构和引脚；(c) CMOS 芯片结构和引脚图

TTL 门的逻辑高电平约为 3.6 V；低电平约为 0.3 V。CMOS 门的逻辑高电平为 5~10 V，低电平为 0~0.4 V，使用时特别要注意 CMOS 门芯片不用的输入端不能悬空。

4.1.6 知识点小结（表 4-1）

表 4-1 知识点小结

门电路	符号	逻辑表达式	逻辑关系
与门	A、B → & → Y	$Y = AB$	有"0"出"0"，全"1"出"1"
或门	A、B → ≥1 → Y	$Y = A + B$	有"1"出"1"，全"0"出"0"
非门	A → 1 → Y	$Y = \overline{A}$	有"1"出"0"，有"0"出"1"
与非门	A、B → & → Y	$Y = \overline{AB}$	有"0"出"1"，全"1"出"0"
或非门	A、B → ≥1 → Y	$Y = \overline{A + B}$	有"1"出"0"，全"0"出"1"
异或门	A、B → =1 → Y	$Y = A\overline{B} + \overline{A}B$	相同出"0"，相异出"1"

任务实施

1. 准备工作

图 4-1-13 所示为汽车发动机防盗控制电路。发动机解锁起动的条件是：
（1）钥匙四位密码（A、B、C、D）正确。
（2）点火开关打到起动挡（开关 S 闭合）。

如果以上两个条件都得到满足，起动信号为 1，报警信号为 0，发动机起动不发出报警信号。如果钥匙密码错误则起动信号为 0，报警信号为 1，发动机不能起动而警铃报警。试分析该车钥匙的密码是多少。

根据任务要求准备：5 V 直流电源、74LS20 四输入双与非门 1 个、74LS00 二输入四与门 2 个、74LS04 六反相器（非门）1 个、LED 灯 2 个、二脚微动按键开关 4 个、万用表、面包板和杜邦线（公对公）若干。

2. 操作流程

（1）根据 4-1-13（a）所示逻辑图，逐级推导出各个门电路的输出端的逻辑表达式，并将结果标明在图上；利用逻辑代数对输出结果进行变换或化简；列出逻辑真值表，分析逻辑功能，得出 4 位钥匙密码如图 4-1-13（b）所示。

（2）检测电路元件性能。

（3）在面包板上连接如图 4-1-13（a）所示电路。

（4）通过按键模拟输入正确钥匙密码 A、B、C、D 和点火开关 S 起动信号，观察两个 LED 灯点亮情况，并检测输入和输出端电压是否符合正确逻辑关系。

（5）通过按键模拟输入错误钥匙密码 A、B、C、D 和点火开关 S 起动信号，观察两个 LED 灯点亮情况，并检测输入和输出端电压是否符合正确逻辑关系。

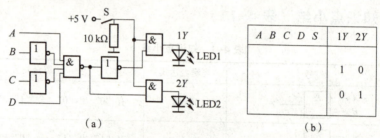

图 4-1-13　汽车发动机防盗控制电路
(a) 逻辑电路；(b) 真值表

3. 操作提示

（1）由输入变量（即 A、B、C、D）开始，逐级推导出各个门电路的输出，将结果标明在图上。

（2）利用逻辑代数对输出结果进行变换或化简。

（3）列出真值表。

（4）确定电路的逻辑功能。

（5）密码正确时，$Y_1=1$，$Y_2=0$；密码错误时，$Y_1=0$，$Y_2=1$。

复习与思考题

（1）组合逻辑电路的特点是输出值只与当时的输入值有关，电路（　　）功能。
　　A. 没有记忆　　　　B. 有记忆　　　　C. 有存储

（2）基本门电路包括（　　）三种。
　　A. 与门、或门和非门
　　B. 与非门、或非门和非门
　　C. 与门、或门和与非门

（3）集成门电路按基本组成元件不同可分为 TTL 型（　　）两种。
　　A. 三极管型和场效应管型

B. TTL 型和 CMOS 型

C. 双极型和单极型

(4) 请写出与门、或门、非门、与非门、或非门的逻辑功能。

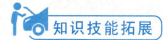

1. 设计三人表决器逻辑电路

三个人表决一件事情，结果按"少数服从多数"的原则决定，试设计该表决器逻辑电路。

第一步：设置自变量和因变量。

将三人的意见设置为自变量 A、B、C，并规定只能有同意或不同意两种意见，显然有 8 种组合。将表决结果设置为因变量 Y，显然只有两个情况。

第二步：状态赋值。

对于自变量 A、B、C：同意为逻辑"1"，不同意为逻辑"0"。对于因变量 Y，事情通过为逻辑"1"，没通过为逻辑"0"。

第三步：根据题意及上述规定列出函数的真值表。

真值表如图 4-1-14（a）所示，由真值表可以看出，当自变量 A、B、C 取确定值后，因变量 Y 的值就完全确定了，所以，Y 就是 A、B、C 的函数。A、B、C 常称为输入逻辑变量，Y 称为输出逻辑变量。

第四步：根据真值表得出逻辑表达式并化简。

一般地说，若输入逻辑变量 A、B、C 的取值确定以后，输出逻辑变量 Y 的值也唯一地确定了，就称 Y 是 A、B、C 的逻辑函数，写作

$$Y = f(A,B,C) = \overline{A}BC + A\overline{B}C + AB\overline{C} + ABC$$
$$= AB + AC + BC$$
$$= \overline{\overline{AB} \cdot \overline{AC} \cdot \overline{BC}}$$

逻辑变量和逻辑函数之间的关系是由"与非"运算决定的。

第五步：根据逻辑表达式画出逻辑电路图。

三人表决器逻辑电路如图 4-1-14（b）所示。

A	B	C	Y
0	0	0	0
0	0	1	0
0	1	0	0
0	1	1	1
1	0	0	0
1	0	1	1
1	1	0	1
1	1	1	1

（a）

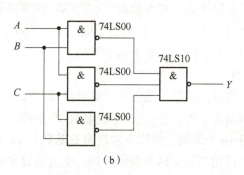

（b）

图 4-1-14　三人表决器真值表与逻辑电路

（a）真值表；（b）逻辑电路

2. 设计配备自动变速器汽车起动逻辑控制电路

配备自动变速器的汽车正常起动时，需将自动变速器挡位开关置于停车挡或空挡，踩下制动踏板并按下起动按钮，只有三个条件同时具备，车辆才能起动。试设计该起动逻辑控制电路。

任务4.2　七段显示译码器电路的检测

任务引入

在数字显示电路设计、检查时，需要对显示译码器电路进行检测。因此，应了解显示译码器电路的相关知识和检测方法。

大国工匠　案例十四

相关理论知识

4.2.1　数制与码制

1. 数制

数制也称计数制，即计数的规则。表示数时，仅用一位数码往往不够用，必须用进位计数的方法组成多位数码。多位数码每一位的构成以及从低位到高位的进位规则称为进位计数制，简称计数制，简单说就是记数的法则。日常生活中，人们常用的计数制是十进制、六十进制（计时）、十二进制（月份）等。计算机内毫无例外地都使用二进制数进行运算，但通常采用八进制和十六进制的形式读写。

任何一个数制都包含基数、位权和加权系数三个基本要素，同时各种计数制之间均可以进行转换。

1）数码

数码是数制中表示基本数值大小的不同数字符号。例如，十进制有0、1、2、3、4、5、6、7、8、9十个数码；二进制只有0和1二个数码；十六进制有0、1、2、3、4、5、6、7、8、9、A、B、C、D、E、F十六个数码。

2）基数

基数又称进位基数，是各种计数进位制中用到的数码个数。二进制有2个数码，因此二进制的基数是2（逢二进一）；十进制有10个数码，所以十进制的基数是10（逢十进一）；十六进制有16个数码，所以十六进制的基数是16（逢十六进一）。不同进位数制一般用英文大写字母或用基数下标来表示。如：十进制数436表示为436D或$(436)_{10}$，二进制数101表示为101B或$(101)_2$，十六进制数5AD表示为5ADH或$(5AD)_{16}$。

3）位权

任一计数制多位数中的每一位数所表示的数值等于该数码本身乘以一个与它所在数位有

关的常数，这个常数称为"位权"，简称"权"。位权是各种计数制中基数的幂。例如，十进制数$(436)_{10}$第1位6的位权为1（10^0），第2位3的位权为10（10^1），第3位4的位权为100（10^2）；二进制数$(101)_2$第1位1的位权为1（2^0），第2位0的位权为2（2^1），第3位1的位权为4（2^2）；十六进制数$(2AD)_{16}$第1位D的位权为1（16^0），第2位A的位权为16（16^1），第3位2的位权为256（16^2）；对于N进制数，整数部分第i位的位权为$N^{(i-1)}$，而小数部分第j位的位权为N^{-j}。

4）加权系数

数码与权的乘积称为加权系数。加权系数就是某个数位上的数码所表示的数值。例如，十进制数$(436)_{10}$各位的加权系数分别为4×10^2、3×10^1、6×10^0；二进制数$(101)_2$各位的加权系数分别为1×2^2、0×2^1、1×2^0；十六进制数$(2AD)_{16}$各位的加权系数分别为2×16^2、10×16^1、13×16^0。

5）进制数转换

在数制中，各种计数制之间都可以进行转换。

（1）十进制数转换成二进制数。

十进制数（N）$_{10}$转换成二进制数，采用基数连除取余法。即将十进制数除2，余数为权位上的数，得到的商数继续除2，以此步骤连续运算，直至商为0为止。最后将各个余数转换成二进制的数码，并按照和运算过程相反的顺序把各个余数排列起来，即为二进制的数。右例为十进制数$(47)_{10}$转换成二进制数的具体步骤，转化结果：

$$(47)_{10} = (101111)_2$$

（2）十六进制数转换成二进制数。

十六进制数转换为二进制数：将每位十六进制数用4位二进制数表示。例如，将十六进制数$(37A.6)_{16}$转换成二进制数：

$$(37A.6)_{16} = (0011\ |\ 0111\ |\ 1010\ |\ .0110)_2$$

（3）任一数制转换成十进制。

任意进制的数若要转换成十进制数，均可采用按位权展开后（加权系数）求和的方式进行。例如，

$$(436)_{10} = 4\times10^2 + 3\times10^1 + 6\times10^0$$
$$(101)_2 = 1\times2^2 + 0\times2^1 + 1\times2^0 = (5)_{10}$$
$$(2AD)_{16} = 2\times16^2 + 10\times16^1 + 13\times16^0 = (685)_{10}$$

2. 码制

1）代码

不同的数码不仅可以表示数量的大小，还可以表示不同的事物。在后一种情况下，这些数码已没有表示数量大小的含意，只是表示不同事物的代号而已。用来表示不同事物的数码称为代码，例如邮政编码、身份证号码和电话号码以及运动员号码等。

2) 码制

为便于记忆和处理,在编制代码时总要遵循一定的规则,编制代码遵循的规则叫作"码制"。

3) 二进制代码

用一定位数的二进制数组合来表示数码、字母、符号、文字等信息称为二进制编码。我们把用以表示数码、字母、符号、文字等信息的一定位数的二进制数称为二进制代码。这些代码不表示二进制数值的大小,只是表示不同事物的数码。由于计算机只能识别 1 和 0,在计算机中运行所有信息都要进行二进制编码。但不同的信息会采用不同的二进制编码形式。目前常用的二进制编码有对十进制数进行编码的"二−十进制编码",对数码、字母、符号等进行编码的"ASCII 码",对文字位图编码和声音编码等。

4) 二−十进制编码(BCD 码)

二−十进制编码(BCD 码)是计算机在对十进制数做运算或存储时采用的二进制编码格式,简称 BCD 码。BCD 码是用 4 位二进制数来表示一位十进制数的编码。这里的一位十进制数只能是 0~9 之间的一个数值。比如,6 就是表示一位十进制数;66 则是表示两位十进制数;666 则是表示三位十进制数。

十进制数 0~9 只有 10 个数码,而 4 位二进制数有 16 种不同组合形式,BCD 码采用其中前 10 个数码组合来表示十进制数码,称为 8421BCD 码。8421BCD 码是有权码,各位的权值分别为 $2^3=8$,$2^2=4$,$2^1=2$,$2^0=1$,因此,称为 8421BCD 码。虽然 8421BCD 码与自然二进制数形式相似,但本质不同。二进制数是按二进制的规则表示数值的大小,是数制;而 BCD 码是用二进制数表示十进制数码,是码制。

如:十进制数 2,$(2)_{10}=(0010)_2=(0010)_{8421}$;十进制数 9,$(9)_{10}=(1001)_2=(1001)_{8421}$;二进制数和 BCD 码相同。

又如:十进制数 29,$(29)_{10}=(0010111)_2=(0010\ 1001)_{8421}$,二进制数和 BCD 码就不同了。

5) 字母与字符的编码(ASCII 码)

BCD 码只是对十进制数进行二进制编码。但在现实世界中,不仅仅只有数字,还有符号、字母等。后来美国国家信息交换协会建了一个表,把美国常用字母和符号都收集到这个表里,并用 8 位二进制数(一个字节)组合对其进行编号,这就是 ASCII 标准字符码。ASCII 码用 8 位二进制代码表示一个字符。8 位二进制代码(0000000~11111111)组合一共可以用来表示 256 种不同的状态,每一个状态对应一个字符,就是 256 个字符。

表 4-2 所示为 ASCII 码对照简化表。例如,空字符(NUL)用十进制 ASCII 码表示为 0、用十六进制 ASCII 码表示为 00,用二进制 ASCII 码表示为 00000000;十进制数 1 用十进制 ASCII 码表示为 49、用十六进制 ASCII 码表示为 31,用二进制 ASCII 码表示为 00110001;等号(=)用十进制 ASCII 码表示为 61、用十六进制 ASCII 码表示为 3D,用二进制 ASCII 码表示为 00111101;英文大写字母 A 用十进制 ASCII 码表示为 65、用十六进制 ASCII 码表示为 41,用二进制 ASCII 码表示为 01000001。ASCII 码是以十六进制表示的,所以就是十进制转十六进转,再转二进制。

表 4-2　ASCII 码对照简化表

字符	十进制码	十六进制码	二进制码
NUL	0	00	00000000
⋮	⋮	⋮	⋮
1	49	31	00110001
⋮	⋮	⋮	⋮
=	61	3D	00111101
⋮	⋮	⋮	⋮
A	65	41	01000001

ASCII 码是由美国制定的，是针对英语字母、符号编制的，无法对汉字及其他非英文语言文字进行编码。因此各个国家都针对自己的特点开发出与 ASCII 码兼容编码。中国相应制定用 16 位二进制数表示中文汉字的 GBK 码及 UTF-8 码等。

链接：https://wenda.so.com/q/1364469565065469

4.2.2　编码器

前面已经介绍了把若干个"0"和"1"按一定规律编排起来的过程称为二进制编码。通过编码获得的不同二进制数的组合称为代码。代码是机器能够识别的、用来表示某一对象或特定信息的数字符号。能实现把某种特定信息转换为机器识别的二进制代码的组合逻辑电路称为编码器。编码器的编码过程可描述为将字符串、文本按不同编码方式通过编码器"编译"成二进制代码传输给计算机进行存储、运算。常用的十进制数码编码器有二-十进制编码器和优先编码器。

1. 二-十进制编码器

用 4 位二进制数 $Y_3 Y_2 Y_1 Y_0$ 来表示十进制数中的 0~9 十个数码，简称 BCD 码。将十进制数 0~9 编成二进制代码是用 10 个高低电平信号 I_0、I_1、…、I_9，表示 0~9 十个十进制数，通过编码器编码电路转换成对应的 10 组 4 位二进制代码 A、B、C、D。

图 4-2-1（a）所示为由"或非"门和"与非"门组成的二-十进制编码器逻辑电路。要想对十进制数 4 进行编码，只要将 I_4 加高电平即可。根据或非门逻辑功能（有 1 出 0、全 0 出 1），则 G3 或非门输出 0，其他或非门均输出 1；根据与非门逻辑功能（有 0 出 1、全 1 出 0）和非门反相逻辑功能，则 G8 与非门输出 1，其他与非门和非门均输出 0；过编码器后就会输出 0100 四位二进制代码。因此，只要将需编码的十进制对应输入脚加上高电平，编码器就会输出相应的二进制 BCD 码。

如果在二-十进制编码器的多个输入端同时有输入信号（高电平）会出现什么情况呢？假如将 I_1、I_2、I_3 和 I_4 都加高电平，G6、G5、G4、G3 就会同时输出 0，那么 G8、G9 和 G10 也会同时输出 1，最终输出变成 0111 四位二进制代码。而 0111 确是十进制数 7（I_7 加高电平）的四位二进制代码，出现乱码现象。因此，二-十进制编码器决不允许在多个输入端同时有输入信号（高电平）。二-十进制编码器真值表如图 4-2-1（b）所示。

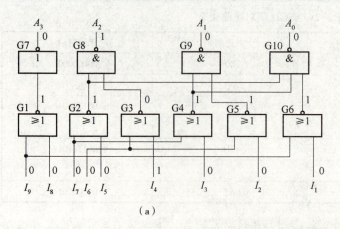

图 4-2-1 二-十进制编码器逻辑电路与真值表

(a) 逻辑电路；(b) 真值表

2. 优先编码器

二-十进制编码器每次只允许一个输入端上有信号，否则会引起混乱。而实际上还常常出现多个输入端上同时有信号的情况。当有两个或两个以上的信号同时输入编码电路，电路只能对其中一个优先级别高的信号进行编码。即允许几个信号同时有效，但电路只对其中优先级别高的信号进行编码，而对其他优先级别低的信号不予理睬。具有此功能的编码器称为优先编码器。10 线-4 线优先编码器 I_1 是将十进制数码转换为二进制代码的组合逻辑电路。常用的集成芯片有 74LS147 等。

如图 4-2-2 所示，74LS147 优先编码器是一个 16 脚的集成芯片，其中 15 脚为空脚，$\bar{I}_1 \sim \bar{I}_9$ 为信号输入端，$\bar{A}_0 \sim \bar{A}_3$ 为输出端。输入和输出均为低电平有效。74LS147 将九条数据线编码为四条线 8421BCD。

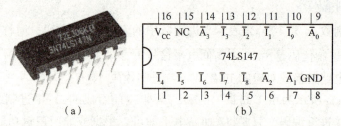

图 4-2-2 74LS147 优先编码器

(a) 实物图；(b) 管脚排列图

如图 4-2-3（a）所示，74LS147 型 10 线-4 线优先编码器有 9 个输入变量 $\bar{I}_1 \sim \bar{I}_9$，4 个输出变量 $\bar{A}_0 \sim \bar{A}_3$，它们都是反变量。输入的反变量对低电平有效，即有信号时，输入为 0。输出的反变量组成反码，对应于 0~9 十个十进制数码。下端的 9 个按键 S1~S9 代表输入的 9 个十进制数符号 1~9。

在优先编码器中，优先级别高的信号排斥优先级别低的信号，74LS147 优先编码器中 $\bar{I}_9$ 的优先级别最高，$\bar{I}_1$ 的优先级别最低，具有单方面排斥的特性。

图 4-2-3（b）所示为 10 线-4 线优先编码器真值表。从真值表中可以看出，隐含的十

进制零条件不需要输入条件，因为当所有九条数据行都处于高逻辑级别时，会对"0"进行编码。当无输入信号或输入信号中无低电平"0"时，输出端全部为高电平"1"；若输入端 $\bar{I}_9$ 为"0"时，不论其他输入端是否有输入信号输入（标重 X 表示任意态），输出端只对十进制数 9 编码，输出为 0110；只有当 $\bar{I}_9$ 为"0"时，再根据其他输入端优先顺序和输入情况依次编码，输出相应代码。

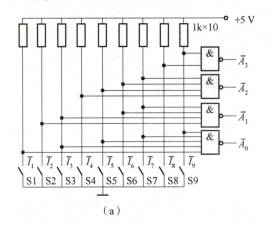

图 4-2-3　74LS147 优先编码器

（a）逻辑电路；（b）真值表

4.2.3　译码器

译码和编码的过程相反。通过译码可将输入的二进制代码按编码时的原意译成对应的特定信息或十进制数码输出。译码器是一个多输入、多输出的组合逻辑电路。它的作用是把机器识别的、给定的二进制代码"翻译"成为人们识别的特定信息，使其输出端具有某种特定的状态，并且在输出通道中相应的一路有信号输出。

译码器在数字系统中有广泛的用途，不仅用于代码的转换、终端的数字显示，还用于数据分配、存储器寻址和组合控制信号等。按功能的不同译码器可分为通用变量译码器、代码变换译码器和显示译码器，本节主要介绍变量译码器和显示译码器的外部工作特性和应用。

1. 3 线-8 线译码器 74LS138

变量译码器的输入、输出端的数量关系是：当有 n 个输入端，就有 2^n 个输出端，而每一个输出所代表的函数对应于 n 个输入变量的最小项。常见的变量译码器有 3 线-8 线译码器 74LS138、4 线-16 线译码器 74LS154 和带锁存的 3 线-8 线译码器 74LS131 等。下面以 3 线-8 线译码器 74LS138 为例来说明其功能。

如图 4-2-4 所示，输入三位二进制代码 A_0、A_1、A_2，有 8 种输入状态，8 个输出端 Y_0、Y_1、Y_2、Y_3、Y_4、Y_5、Y_6、Y_7 分别对应其中一种输入状态。因此，又把三位二进制译码器称为 3 线-8 线译码器。

（1）三位二进制译码器（输出高电平有效）输入、输出真值表如图 4-2-5（a）所示。

（2）写出逻辑表达式：

$$Y_0 = \bar{A}_0\bar{A}_1\bar{A}_2 、 Y_1 = \bar{A}_0\bar{A}_1 A_2 、 Y_2 = \bar{A}_0 A_1 \bar{A}_2 、 Y_3 = \bar{A}_0 A_1 A_2$$

$$Y_4 = \bar{A}_0 A_1 \bar{A}_2 、 Y_5 = A_0 \bar{A}_1 A_2 、 Y_6 = A_0 A_1 \bar{A}_2 、 Y_7 = A_0 A_1 A_2$$

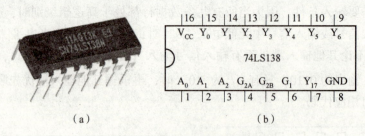

(a)　　　　　　　　　　　(b)

图 4-2-4　3 线-8 线译码器 74LS138

(a) 实物图；(b) 管脚排列图

（3）逻辑电路。

逻辑电路如图 4-2-5（b）所示。

当输入 A_0、A_1、A_2 为 000 时，输出 $Y_0=1$、$Y_1=Y_2=Y_3=Y_4=Y_5=Y_6=Y_7=0$，即 1000000；

当输入 A_0、A_1、A_2 为 111 时，输出 $Y_0=Y_1=Y_2=Y_3=Y_4=Y_5=Y_6=0$，$Y_7=1$，即 0000001。

输入			输出							
A_0	A_1	A_2	Y_0	Y_1	Y_2	Y_3	Y_4	Y_5	Y_6	Y_7
0	0	0	1	0	0	0	0	0	0	0
0	0	1	0	1	0	0	0	0	0	0
0	1	0	0	0	1	0	0	0	0	0
0	1	1	0	0	0	1	0	0	0	0
1	0	0	0	0	0	0	1	0	0	0
1	0	1	0	0	0	0	0	1	0	0
1	1	0	0	0	0	0	0	0	1	0
1	1	1	0	0	0	0	0	0	0	1

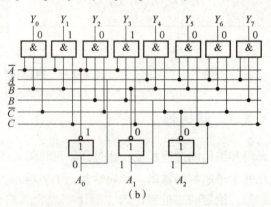

(a)　　　　　　　　　　　(b)

图 4-2-5　二进制译码器

(a) 真值表；(b) 逻辑电路

2. 数字显示译码器

在数字系统中，常常需要将数字、字母、符号等直观地显示出来，供人们读取或监视系统的工作情况。能够显示数字、字母或符号的器件称为数字显示器。

在数字电路中，数字量都是以一定的代码形式出现的，所以这些数字量要先经过译码，才能送到数字显示器去显示。这种能把数字量翻译成数字显示器所能识别的信号的译码器称为数字显示译码器。常用的数码显示管有半导体发光二极管构成的 LED 和液晶数码管 LCD 两类。数码管是用某些特殊的半导体材料分段式封装而成的显示译码器常见器件。目前应用最广泛的是由发光二极管构成的七段数字显示器。

1）七段数字显示器

七段数字显示器又称数码管。其基本单元是 PN 结，目前较多采用磷砷化镓做成的 PN 结，当外加正向电压时，就能发出清晰的光。

如图 4-2-6（a）所示，七段数字显示器就是将十进制数码分成七段（加小数点为八段）按一定的方式排列起来，七段 a、b、c、d、e、f、g（小数点 DP）各对应一个发光二极管，利用不同发光段的组合，显示不同的阿拉伯数字。如图 4-2-6（b）、（c）所示，按内部连接方式不同，七个发光二极管有共阴极和共阳极两种接法。前者某一段接高电平时发光，后者某一段接低电平时发光。

半导体显示器的优点是工作电压较低（1.5~3 V）、体积小、寿命长、亮度高、响应速度快、工作可靠性高；其缺点是工作电流大，每个字段的工作电流为 10 mA 左右。

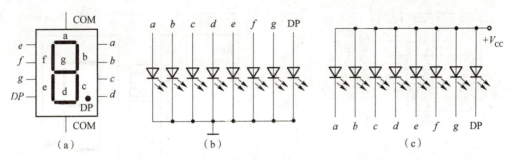

图 4-2-6 七段数字显示器
（a）管脚排列图；（b）共阴极七段 LED 管；（c）共阳极七段 LED 管

2）七段显示译码器 74LS48

七段显示译码器 74LS48 是一种与共阴极数字显示器配合使用的集成译码器，它的功能是将输入的 4 位二进制代码 A_0、A_1、A_2、A_3 转换成显示器所需要的七段信号 $a \sim g$。其实物与管脚排列如图 4-2-7 所示。

$a \sim g$ 为译码输出端。另外，它还有 3 个控制端：试灯输入端 LT、灭零输入端 RBI、特殊控制端 BI/RBO。

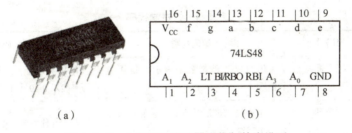

图 4-2-7 七段显示译码器实物与管脚排列
（a）实物图；（b）管脚排列图

其功能为：

（1）正常译码显示。当 LT = 1，BI/RBO = 1 时，对输入为十进制数 0~9 的二进制码（0000~1001）进行译码，产生对应的七段显示码。其真值表和译码显示电路如图 4-2-8 所示。

（2）灭零。当输入 RBI = 0，而输入为 0 的二进制码 0000 时，则译码器的 $a \sim g$ 输出全 0，使显示器全灭；只有当 RBI = 1 时，才产生 0 的七段显示码，所以 RBI 称为灭零输入端。

（3）试灯。当 LT = 0 时，无论输入怎样，$a \sim g$ 输出全 1，数码管七段全亮，由此可以检测显示器七个发光段的好坏，LT 称为试灯输入端。

（4）特殊控制端 BI/RBO。BI/RBO 可以作输入端，也可以作输出端。

作输入使用时，如果 BI = 0 时，不管其他输入端为何值，$a \sim g$ 均输出 0，显示器全灭，因此 BI 称为灭灯输入端。

作输出端使用时，受控于 RBI。当 RBI=0，输入为 0 的二进制码 0000 时，RBO=0，用以指示该片正处于灭零状态，所以，RBO 又称为灭零输出端。

将 BI/RBO 和 RBI 配合使用，可以实现多位数显示时的"无效 0 消隐"功能。

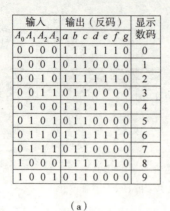
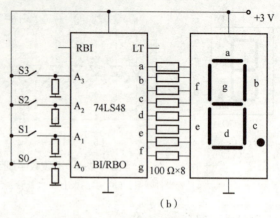

图 4-2-8　七段显示译码器真值表与译码显示电路
(a) 真值表；(b) 译码显示电路

4.2.4　知识点小结

（1）二进制代码如表 4-3 所示。

表 4-3　二进制代码

二进制代码	编码对象	编码规则	代码数量
BCD 码	对十进制数编码	用四位二进制数来表示一位十进制数	有 16 种组合，用其中前 10 个数码组合来表示 0~9 十个十进制数码
ASCII 码	对数码、字母和符号编码	用八位二进制数（1 个字节）表示一个字符	有 256 种组合，可表示 256 个字符
GBK 及 UTF-8 码	对中文汉字编码	用十六位二进制数（2 个字节）表示一个汉字	有 65 536 种组合，可表示 65 536 个汉字

（2）编码器与译码器如表 4-4 所示。

表 4-4　编码器与译码器

器件名称	编码器芯片	功能	特点
10 线-4 线优先编码器	74LS147（引脚图：V_{CC} NC $\bar{A}_3$ $\bar{I}_3$ $\bar{I}_2$ $\bar{I}_1$ $\bar{I}_9$ $\bar{A}_0$ / $\bar{I}_4$ $\bar{I}_5$ $\bar{I}_6$ $\bar{I}_7$ $\bar{I}_8$ $\bar{A}_2$ $\bar{A}_1$ GND）	将输入 0~9 十进制数码编码，输出 10 组 8421BCD 码	提供输入的优先解码，以确保只对最高阶数据行进行编码

续表

器件名称	编码器芯片	功能	特点
3线-8线译码器	74LS138 16-VCC 15-Y0 14-Y1 13-Y2 12-Y3 11-Y4 10-Y5 9-Y6 1-A0 2-A1 3-A2 4-G2A 5-G2B 6-G1 7-Y17 8-GND	将输入3位二进制代码译码，输出八组十进制数码	输出高电平有效
七段显示译码器	74LS48 16-VCC 15-f 14-g 13-a 12-b 11-c 10-d 9-e 1-A1 2-A2 3-LT 4-BI/RBO 5-RBI 6-A3 7-A0 8-GND	对输入为十进制数1~15的二进制码进行译码，产生对应的七段显示码	可以实现多位数显示时的"无效0消隐"功能

1. 准备工作

图4-2-8所示为七段显示译码器真值表与译码显示电路。它的功能是将输入的4位二进制代码A_0、A_1、A_2、A_3转换成显示器所需要的7个段信号$a\sim g$。按照真值表10种输入状态，通过4个模拟微动开关S0、S1、S2、S3分别输入4位二进制代码A_0、A_1、A_2、A_3，经过七段显示译码器74LS48驱动七段数字显示器显示0~9十个十进制数码。

根据任务要求准备：3 V直流电源、74LS48驱动数码显示器、七段数字显示器、二脚微动按键开关4个、100 Ω电阻16个、万用表、面包板和杜邦线（公对公）若干。

2. 操作流程

（1）检测电路元件性能。

（2）在面包板上连接如图4-2-8所示七段显示译码器驱动电路。

（3）按照真值表10种输入状态，通过4个模拟微动按键开关S0、S1、S2、S3分别输入4位二进制代码A_0、A_1、A_2、A_3，观察七段数字显示器是否正常显示0~9十个十进制数码。

（4）用万用表检测七段显示译码器74LS48在不同输入和输出状态各管脚电位变化情况。

3. 操作提示

（1）检验灭零功能。当输入RBI=0，而输入为0的二进制码0000时，则译码器的$a\sim g$输出全0，使显示器全灭。

（2）检验试灯功能。当LT=0时，无论输入怎样，$a\sim g$输出全1，数码管七段全亮。由此可以检测显示器七个发光段的好坏。LT称为试灯输入端。

复习与思考题

（1）任何一个数制都包含（　　）、（　　）和（　　）三个基本要素，同时各种计数制之间均可以进行转换。（　　）

A. 数码、基数、位权　　B. 基数、位权、加权系数　　C. 数码、位权、加权系数

（2）常用的数码和字符二进制代码有（　　）、（　　）。（　　）

A. BCD 码、ASCII 码　　B. 余 3 码、ASCII 码　　C. ASCII 码、UTF-8 码

（3）编码器的功能是（　　）。

A. 把特定信息转换为二进制代码　　B. 把十进制数转换为二进制代码

C. 把字母、符号转换为二进制代码

（4）请叙述在计算机系统中，编码和译码的意义。

知识技能拓展

74LS148 变量编码器的扩展应用。如图 4-2-9 所示，利用使能端的作用，可以用两块 74LS148 扩展为 16 线-4 线优先编码器。

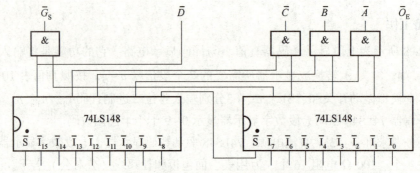

图 4-2-9　16 线-4 线优先编码器

当高位芯片的使能输入端为"0"时，允许对 $I_8 \sim I_{15}$ 编码，当高位芯片有编码信号输入时，O_E 为 1，它控制低位芯片处于禁止状态；若当高位芯片无编码信号输入时，O_E 为 0，低位芯片处于编码状态。高位芯片的 G_S 端作为输出信号的高位端，输出信号的低三位由两块芯片的输出端对应位相"与"后得到。在有编码信号输入时，两块芯片只能有一块工作于编码状态，输出也是低电平有效，相"与"后就可以得到相应的编码输出信号。

任务 4.3　三人抢答器电路的检测

大国工匠　案例十五

任务引入

在三人抢答器逻辑控制电路设计、检查时，需对三人抢答器逻辑电

路功能进行分析和检测。因此，应了解四人抢答器逻辑电路的相关理论知识和分析检测方法。

 相关理论知识

4.3.1 触发器

时序逻辑电路与组合逻辑电路并驾齐驱，是数字电路两大重要分支之一。时序逻辑电路的显著特点是：电路任何一个时刻的输出状态不仅取决于当时的输入信号，还与电路原来的状态有关。因此，时序电路必须含有具有记忆功能的存储器件。

1. 触发器具有"记忆"功能

触发器是由门电路加上适当的反馈而构成的可以记忆 1 位二进制信号的逻辑电路部件，是构成时序逻辑电路的基本单元。

本任务首先介绍基本 RS 触发器的组成原理、特点和逻辑功能。然后引出能够防止"空翻"现象的主从触发器和边沿触发器。同时，较详细地讨论 RS 触发器、JK 触发器、D 触发器、T 触发器、T'触发器的逻辑功能及其描述方法。

2. 触发器具有的两个特点

（1）具有两个能自保持的稳定状态。触发器有两个互补的输出端 Q、$\overline{Q_n}$，定义触发器的 1 状态为 $Q=1$，$\overline{Q_n}=0$，0 状态为 $Q=0$，$\overline{Q_n}=1$，可见触发器的状态指的是 Q 端的状态。

（2）两个稳定状态可以相互转换。在输入信号的作用下，可以从一个稳定状态转换到另一个稳定状态（从 1 态→0 态或从 0 态→1 态），并且在触发信号消失后能保持信号作用时的稳定状态不变。

触发器的逻辑功能用逻辑状态表（真值表）、特性方程、状态转换图和波形图来描述。

4.3.2 基本 RS 触发器

1. 电路结构与逻辑符号

基本 RS 触发器又名复位-置位触发器。如图 4-3-1 所示，其基本结构是由两个与非门 G1、G2 和反馈线交叉连接而成。

1）两个输入端 R 和 S

$\overline{R}$（Reset）称为直接复位端或直接置 0 端；$\overline{S}$（Set）称为直接置位端或置 1 端；字母上面横杠表示低电平有效。

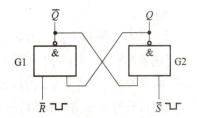

图 4-3-1 基本 RS 触发器逻辑电路

2）两个输出端 Q_n 和 $\overline{Q_n}$

正常情况下，两个输出端 Q_n 和 $\overline{Q_n}$ 应保持互非状态。输出端 Q_n 的状态就是触发器的输出状态，触发器具有两个稳定状态：当输出端 $Q_n=1$、$\overline{Q_n}=0$ 时，称为置位状态或 1 态；当输出端 $Q_n=0$、$\overline{Q_n}=1$ 时，称为复位状态或 0 态。

Q_n 表示输入信号到来之前的触发器输出状态，称为初态；Q_{n+1} 表示输入信号到来之后的输出状态，称为次态。

2. 基本 RS 触发器逻辑功能

基本 RS 触发器具有置"0"、置"1"和保持功能。

1) 置 0 功能

如图 4-3-2 所示,当输入端 $\bar{R}=0$、$\bar{S}=1$ 时,无论 RS 触发器初始状态 Q_n 如何,次态 Q_{n+1} 均为 0,即 RS 触发器具有置 0 功能。

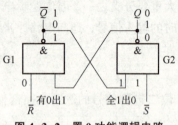

图 4-3-2 置 0 功能逻辑电路

(1) 若触发器初态为 $Q_n=1$,$\overline{Q_n}=0$。

当输入端 $\bar{R}=0$、$\bar{S}=1$ 时,根据与非门"有 0 出 1,全 1 出 0"的逻辑规律,则 G1 输出为 1、G2 输出为 0,即次态 $Q_{n+1}=0$,$\overline{Q_{n+1}}=1$,触发器状态由"1"变为"0",置"0"功能。

(2) 若触发器初态为 $Q_n=0$,$\overline{Q_n}=1$。

当输入端 $\bar{R}=0$、$\bar{S}=1$ 时,根据与非门"有 0 出 1,全 1 出 0"的逻辑规律,则 G1 输出为 1、G2 输出为 0,即次态 $Q_{n+1}=0$,$\overline{Q_{n+1}}=1$,触发器状态不变,仍为置 0 功能。

归纳:基本的 RS 触发器的两个与非门通过反馈线交叉组合在一起。只要两个输入端状态不同且输入端 $\bar{R}=0$,无论输出初态如何,次态总是为 0,因此通常把 $\bar{R}$ 称作清零端。

2) 置"1"功能

如图 4-3-3 所示,当输入端 $R_D=1$、$S_D=0$ 时,无论 RS 触发器初始状态 Q_n 如何,次态 Q_{n+1} 均为 1,即 RS 触发器具有置 1 功能。

(1) 若触发器初态为 $Q_n=1$,$\overline{Q_n}=0$。

当输入端 $\bar{S}=0$、$\bar{R}=1$ 时,根据与非门"有 0 出 1,全 1 出 0"的逻辑规律,则 G2 输出为 1、G1 输出为 0,即次态 $Q_{n+1}=1$,$\overline{Q_{n+1}}=0$,触发器状态由"0"变为"1",置"1"功能。

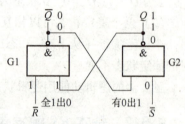

图 4-3-3 置 1 功能逻辑电路

(2) 若触发器初态 $Q_n=0$,$\overline{Q_n}=1$。

当输入端 $\bar{S}=0$、$\bar{R}=1$ 时,根据与非门"有 0 出 1,全 1 出 0"的逻辑规律,则 G2 输出为 1、G1 输出为 0,即次态 $Q_{n+1}=1$,$\overline{Q_{n+1}}=0$,触发器状态不变,仍为置"1"功能。

归纳:只要基本 RS 触发器的两个输入端状态不同且输入端 $\bar{S}=0$ 时,无论输出初态如何,次态总是为"1",因此通常把 $\bar{S}=0$ 称作置"1"端。

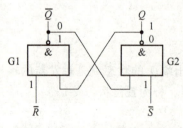

图 4-3-4 保持功能逻辑电路

3) 保持功能

如图 4-3-4 所示,当基本 RS 触发器的两输入端状态相同均为 1 时,即 $\bar{R}=1$、$\bar{S}=1$,触发器状态保持原状态不变。

(1) 若触发器初态 $Q_n=1$,$\overline{Q_n}=0$。

当输入端 $\bar{S}=1$、$\bar{R}=1$ 时,根据与非门"有 0 出 1,全 1 出 0"的逻辑规律,则 G2 输出为 1、G1 输出为 0,即次

态 $Q_{n+1}=1$，$\overline{Q_{n+1}}=0$，触发器状态不变，保持功能。

（2）若触发器初态 $Q_n=0$，$\overline{Q_n}=1$。

当输入端 $\overline{S}=1$、$\overline{R}=1$ 时，根据与非门"有 0 出 1，全 1 出 0"的逻辑规律，则 G2 输出为 0、G1 输出为 1，即次态 $Q_{n+1}=0$，$\overline{Q_{n+1}}=1$，触发器状态不变，保持功能。

归纳：当基本 RS 触发器的两输入端状态相同均为 1 时，输出不会发生改变，继续保持原来的状态。因此在两个输入端同时为高电平时触发器具有保持和记忆功能。

4）禁止态

当基本 RS 触发器的两输入端状态相同均为 0 时，即 $\overline{S}=0$、$\overline{R}=0$，触发器的两个互非输出端出现相同的逻辑混乱情况，这种状态应该禁止。

若触发器现态 $Q_n=0$，根据与非门"有 0 出 1，全 1 出 0"，则次态 $Q_{n+1}=1$，$\overline{Q_{n+1}}=1$。触发器的两个互非输出端出现相同的逻辑混乱情况，显然这是触发器正常工作条件下不允许发生的，因此必须加以防范。

归纳：当基本 RS 触发器的两输入状态相同均为 0 时，都处于有效状态，此时互非输出无法正确选择指令而发生逻辑混乱。我们把两输入同时为 0 的状态称为禁止态，电路正常工作时不允许此情况发生。

3. 基本 RS 触发器逻辑状态表、波形与逻辑符号

基本 RS 触发器的输出状态与输入状态的逻辑状态表（真值表）如图 4-3-5（a）所示。由真值表可以看出，在保证两个输出端不同时为 0 的情况下，只要置 0 端 $\overline{R}=0$，不论触发器原来处于何种状态，输出均为"0"；只要置 1 端 $\overline{S}=0$，不论触发器原来处于何种状态，输出均为"1"；若两个输出端同时为"1"，输出就保持原来状态。RS 触发器波形如图 4-3-5（b）所示。

输入		输出		状态
$\overline{R}$	$\overline{S}$	Q_n	Q_{n+1}	
0	1	0	0	置 0（复位）
		1	0	
1	0	0	1	置 1（置位）
		1	1	
1	1	0	0	保持原态
		1	1	
0	0	0	×	不定状态
		1	×	

（a）

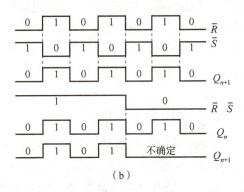

（b）

图 4-3-5 基本 RS 触发器逻辑状态表与波形

（a）逻辑状态表；（b）波形图

4. 集成 RS 触发器与逻辑符号

常用集成 RS 触发器芯片 74LS279 的结构与管脚排列如图 4-3-6（a）所示。基本 RS 触发器的逻辑电路符号如图 4-3-6（b）所示，符号输入端引线上端小圆圈是表示触发器用低电平（0 电平）来置位或复位，即低电平有效。

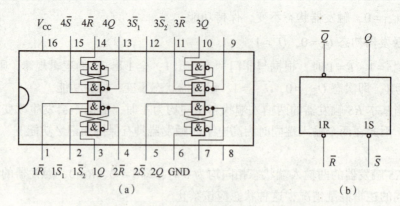

图 4-3-6 基本 RS 触发器集成芯片与逻辑符号

（a）芯片结构与管脚排列；（b）逻辑符号

4.3.2 主从 RS 触发器

在实际应用中，如果要求某些 RS 触发器在同一时刻动作，就必须给这些触发器引入时间控制信号。时间控制信号也称同步信号，或时钟信号，或时钟脉冲，简称时钟，用 CP（CLK）表示。时钟控制触发器的工作状态不仅要由 R、S 端的信号来决定，而且只有在 CP 端上出现时钟脉冲（高电平）时，触发器的状态才能变化。具有时钟脉冲控制的触发器状态的改变与时钟脉冲同步，所以称为同步触发器。同步 RS 触发器就是典型的电平触发的触发器。

1. 同步 RS 触发器电路的结构

同步 RS 触发器的逻辑电路如图 4-3-7（a）所示。上面的两个与非门 G1、G2 构成基本 RS 触发器；下面的两个与非门 G3、G4 组成控制电路，通常称为控制门，以控制触发器状态的翻转时刻。R 和 S 为控制端（输入端），CP 为时钟脉冲输入端。在使用同步 RS 触发器的过程中，有时还需要在 CP 信号到来之前将触发器预先设置成指定状态，为此在实用的同步 RS 触发器电路上设置有专门的异步置位输入端 $\overline{R_D}$ 和异步复位输入端 $\overline{S_D}$。正常使用时，$\overline{R_D}$、$\overline{S_D}$ 接高电平。

2. 同步 RS 触发器逻辑功能

（1）当 CP=0 时，控制门 G3、G4 关闭，都输出 1。这时，不管 R 端和 S 端的信号如何变化，触发器的状态保持不变。

（2）当 CP=1 时，G3、G4 打开，R、S 端的输入信号才能通过这两个门，使基本 RS 触发器的状态翻转，其输出状态由 R、S 端的输入信号决定。其逻辑功能如图 4-3-7（b）所示逻辑状态表。

① 当 R=0，S=1，G3 门（全 1 出 0）输出低电平 0，G1 门（有 0 出 1）输出高电平，即 Q=1，这时触发器置 1。而且，此时只要输入 R=0、S=1，无论输出现态如何，同步 RS 触发器均为置 1 功能。为此把 S 称为置 1 端，高电平有效。

② 当 R=1，S=0，G4 门（全 1 出 0）输出低电平 0，G2 门（有 0 出 1）输出高电平，从而使 G1 输出低电平，即 Q=0，这时触发器置 0。而且，此时只要输入 R=1、S=0，无论输出现态如何，同步 RS 触发器均为置 0 功能。为此把 R 称为置 0 端，高电平有效。

③ 当 $R=S=0$ 时，G3、G4 门（有 0 出 1）输出全都为 1，即当 R 和 S 均等于 0 为无效态时，则无论输出现态如何，输出次态均不发生改变，此时称触发器为保持功能。

④ 但当 $R=S=1$，G3、G4 门的输出均为 0，违背了基本 RS 触发器的输入条件，此时互非输出无法正确选择指令而发生逻辑混乱。因此，把两输入同时为 1 的状态称为禁止态。

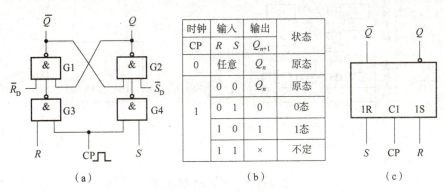

图 4-3-7 同步 RS 触发器

(a) 逻辑电路；(b) 逻辑状态表；(c) 逻辑符号

显然，同步 RS 触发器只有在时钟脉冲 CP=1 期间才能触发而使状态发生改变，因此，同步 RS 触发器属于电位触发方式。同步 RS 触发器的逻辑符号如图 4-3-7（c）所示。

同步 RS 触发器在时钟脉冲 CP=1 期间，输入发生多次变化则会引起触发器状态的多次翻转。这种在同一 CP 脉冲下引起触发器两次或多次翻转的现象称为空翻。采用电位触发方式的同步 RS 触发器存在"空翻"问题，空翻易造成触发器的可靠性降低，甚至无法判定触发器工作状态。

4.3.3 主从 JK 触发器

为确保数字系统的可靠工作，要求触发器在一个 CP 脉冲期间至多翻转一次，即不允许空翻现象的出现。为此，人们研制出了脉冲触发方式的主从型 JK 触发器。触发器由于只在时钟脉冲下降沿到来时发生翻转，从而有效地抑制了空翻现象。

主从 JK 触发器由两级触发器构成，其中一级直接接收输入信号，称为主触发器；另一级接收主触发器的输出信号，称为从触发器。两级触发器的时钟信号互补，从而有效地克服了空翻。

1. 主从 JK 触发器的结构

RS 触发器在工作时，不允许输入信号 R、S 同时为 1，这一约束条件使得 RS 触发器在使用时很不方便。如何解决这一问题呢？我们注意到，触发器的两个输出端 Q、$\overline{Q}$ 在正常工作时是互补的，即一个为 1，另一个一定为 0。因此，如果把这两个信号通过两根反馈线分别引到输入端的 G7、G8 门，就一定有一个门被封锁，这时，就不怕输入信号同时为 1 了，这就是主从 JK 触发器的构成思路。如图 4-3-8（a）所示，主从 JK 触发器由两个同步 RS 触发器组成，其中一个为主触发器，主触发器直接与 CP 控制端相连；另一个构成从触发器，从触发器通过一个非门和 CP 控制端相连。从触发器 Q 端与主触发器的一个输入端 R 相连，$\overline{Q}$ 端与主触发器的另一个输入端 S 相连，构成两条反馈线。主从 JK 触发器的逻辑符号如

图 4-3-8（b）所示，符号中脉冲 CP 中的"△+o"表示下降沿触发或后沿触发；如果只有"△"则表示上升沿触发或前沿触发。

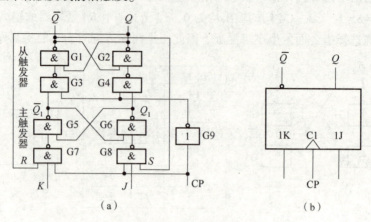

图 4-3-8 主从 JK 触发器
(a) 逻辑电路；(b) 逻辑符号

2. 主从 JK 触发器的功能

JK 触发器的逻辑功能与 RS 触发器的逻辑功能基本相同，不同之处是 JK 触发器没有约束条件，在 $J=K=1$ 时，每输入一个时钟脉冲后，触发器向相反的状态翻转一次。

图 4-3-9 所示为 JK 触发器的功能状态表和波形图。在时钟脉冲 CP 下降沿到来时，其输出、输入端子之间的对应关系为：

（1）触发器在 $J=1$、$K=0$ 时，不管触发器的初始状态为"0"态还是"1"态，触发器的下一个状态一定是"1"态。

（2）触发器在 $J=0$、$K=1$ 时，不管触发器原来处于什么状态，触发器的下一个状态一定是"0"态。

（3）触发器在 $J=K=1$ 时，来一个时钟脉冲触发器就翻转一次，这表明，在这种情况下，触发器具有计数功能。

（4）触发器在 $J=0$、$K=0$ 时，不管触发器的初始状态为"0"态还是"1"态，触发器都保持原状态不变。

因此，J、K 不同时，输出次态总是随着 J 的变化而变化；J、K 均为"0"时，输出保持不变；J、K 均为"1"时，输出发生翻转。

时钟 CP	输入 J	输入 K	输出 Q_{n+1}	功能
⎍	0	0	Q_n	保持
⎍	1	0	0	置1
⎍	0	1	1	置0
⎍	1	1	$\overline{Q_n}$	翻转

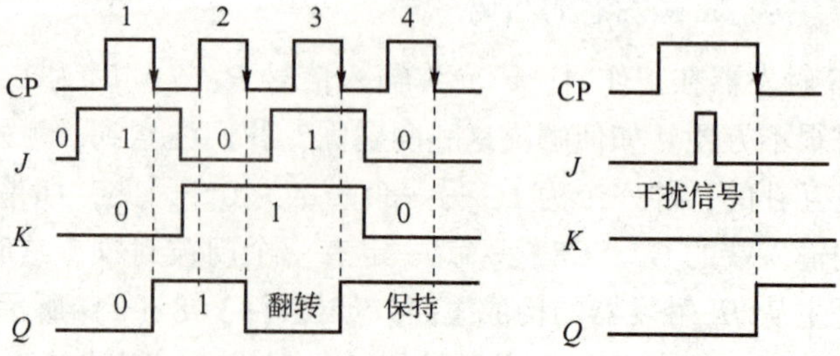

图 4-3-9 主从 JK 触发器
(a) 逻辑状态表；(b) 波形图；(c) 一次变化现象

3. 主从 JK 触发器的触发方式

（1）前沿输入，后沿触发。在 CP = 1 期间主触发器接收信号，被置成相应的状态，而从触发器不动；CP 下降沿到来时，从触发器按照主触发器状态翻转。

（2）主触发器本身是一个同步 RS 触发器，所以在 CP = 1 全部时间里，输入信号都将对主触发器起控制作用。

由于主从 JK 触发器在 CP = 1 期间，主触发器只变化（翻转）一次，这种现象称为一次变化现象。一次变化现象也是一种有害的现象。如图 4-3-9（c）所示，设初始状态为 $Q = 0$，如果在 CP = 1 期间，输入端出现干扰信号（输入端 J 出现干扰信号变为高电平），就会造成触发器翻转的误动作。为了避免发生一次变化现象，在使用主从 JK 触发器时，要保证在 CP = 1 期间，J、K 保持状态不变，仍应从电路结构上入手，让触发器只接收 CP 触发沿到来前一瞬间的输入信号，这种触发器称为边沿触发器。

4.3.4 边沿触器

边沿触发器不仅将触发器的触发翻转控制在 CP 触发沿到来的一瞬间，而且将接收输入信号的时间也控制在 CP 触发沿到来的前一瞬间，而在此之前和之后输入状态的变化对触发器的次态没有影响。因此，边沿触发器既没有空翻现象，也没有一次变化问题，从而大大提高了触发器工作的可靠性和抗干扰能力。

1. 维持-阻塞 D 触发器

1）D 触发器的结构

主从 JK 触发器的主从触发器工作时，必须在下降沿前加入输入信号。如果在 CP = 1 高电平期间输入端出现干扰信号，那么就有可能使触发器的状态出错。而 D 触发器允许在 CP 触发沿来到前一瞬间加入输入信号。这样，输入端受干扰的时间大大缩短，受干扰的可能性就降低了。如图 4-3-10（a）所示，D 触发器是将 JK 触发器两输入端 J、K 之间接一个反相器转换而成的，称为维持-阻塞边沿 D 触发器。时钟脉冲上升沿触发。

D 触发器学名双稳态多谐振荡器，是一种应用在数字电路上具有记忆功能的循序逻辑组件，可记录二进位制数字信号"1"和"0"。触发器是构成时序逻辑电路以及各种复杂数字系统的基本逻辑单元。

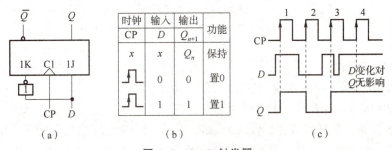

图 4-3-10　D 触发器
(a) JK 转换；(b) 逻辑功能表；(c) 波形图

2）D 触发器的功能

根据图 4-3-10（b）、（c）所示的逻辑功能表（真值表）和波形图可知：

（1）当 $D=0$ 时，在时钟脉冲 CP 上升沿到来后，输出端的状态将变成 $Q_{n+1}=0$；

（2）当 $D=1$ 时，在时钟脉冲 CP 上升沿到来后，输出端的状态将变成 $Q_{n+1}=1$。

D 触发器是在数字电路中，凡在 CP 时钟脉冲控制下，根据输入信号 D 取值的不同，具有保持和翻转功能的电路，即当 $D=0$ 时具有置 0 功能；$D=1$ 时具有置 1 功能。直接置 0 端和置 1 端正常工作时保持高电平。

D 触发器为时钟脉冲 CP 上升沿到来时触发，可有效地抑制空翻，其输出端状态仅取决于 CP 触发脉冲到达前 D 输入端的状态，而与触发器现态无关，即输出状态与 D 状态相同 $Q_{n+1}=D$。当把 D 触发器的 D 输入端与输出端 $\overline{Q}$ 连在一起时，则构成计数器。常用的集成 D 触发器有双 D 触发器 74LS74、四 D 触发器 74LS175 和六 D 触发器 74LS176 等。74LS75 的管脚排列如图 4-3-11（a）所示。D 触发器逻辑符号如图 4-3-11（b）所示。

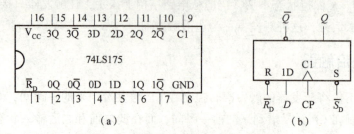

图 4-3-11 D 触发器集成芯片与逻辑符号

(a) 四 D 触发器集成芯片管脚排列；(b) 逻辑符号

2. T 触发器

如图 4-3-12（a）所示，把 JK 触发器的两输入端子 J 和 K 连在一起作为一个输入端子 T 时，即可构成一个 T 触发器。T 触发器逻辑状态表如图 4-3-12（b）所示。

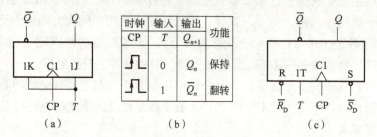

图 4-3-12 T 触发器

(a) JK 转换电路；(b) 逻辑功能表；(c) 逻辑符号

T 触发器的功能：

（1）当 $T=1$，即 $J=K=1$，触发器具有翻转功能；

（2）当 $T=0$，即 $J=K=0$，触发器具有保持功能。

显然 T 触发器只具有保持和翻转两种功能。在钟控 JK 触发器的基础上，将 J 和 K 连在一起，改作 T，作为输入信号，构成钟控 T 触发器。T 触发器在时钟脉冲 CP 作用下，具有保持和翻转功能。T 触发器逻辑符号如图 4-3-12（c）所示。

3. T' 触发器

让 T 触发器恒输入 "1" 时，显然只具有一种功能——翻转，此时 T 触发器就变成了 T'

触发器。T' 触发器仅具有翻转一种功能。

触发器是时序逻辑电路的基本单元。同一种功能的触发器，可以用不同的电路结构形式来实现；反过来，同一种电路结构形式，也可以构成具有不同功能的各种类型触发器。触发器按功能分有 RS、JK、D、T、T' 五种类型，但最常见的集成触发器是 JK 触发器和 D 触发器。T、T' 触发器没有集成产品，如需要时，可用其他触发器转换成 T 或 T' 触发器。JK 触发器与 D 触发器之间的功能也是可以互相转换的。

4.3.5 知识点小结（表 4-5）

表 4-5 知识点小结

触发器	逻辑符号	触发方式	逻辑功能说明
基本 RS 触发器	$\bar{Q}$ Q 1R 1S	信号触发	复位（$R=0$，$Q=0$）、置位（$S=0$，$Q=1$）、保持原状态（$R=S=1$）三种功能，R 为复位输入端，S 为置位输入端，低电平有效。存在 $R=S=0$ 时的混乱状态（禁止态）
主从 RS 触发器	$\bar{Q}$ Q 1R C1 1S	电平触发	触发器输出状态分别由 R、S 和 CP 控制。CP=0 时无论 R、S 何态，触发器均保持原态；CP=1 时触发器输出状态由 R 和 S 状态决定，存在空翻现象
JK 触发器	$\bar{Q}$ Q 1K C1 1J	脉冲触发	CP 前沿输入后沿触发。在 CP=1 期间主触发器接收信号，被置成相应的状态，而从触发器不动；CP 下降沿到来时，从触发器按照主触发器状态翻转，存在一次变化现象
D 触发器	$\bar{Q}$ Q R 1D C1 S	边沿触发	触发翻转控制在 CP 触发沿到来的一瞬间，而且将接收输入信号的时间也控制在 CP 触发沿到来的前一瞬间。边沿触发器既没有空翻现象，也没有一次变化问题。输出状态与 D 状态相同
T 触发器	$\bar{Q}$ Q R 1T C1 S		T 触发器只具有保持和翻转两种功能。在钟控 JK 触发器的基础上，将 J 和 K 连在一起，改作 T，作为输入信号，构成钟控 T 触发器。T 触发器在时钟脉冲 CP 作用下，具有保持和翻转功能

任务实施

1. 准备工作

图 4-3-13 所示为三人抢答器原理电路，是由三个 D 触发器构成，0D、1D、2D 为输入端，0Q、1Q、2Q 为三输出端。三人参加比赛，每人一个按钮，其中一人抢先按下按钮后，相应的 LED 指示灯亮，其他按钮再按下时不起作用。

根据检测任务，需准备+5 V 直流电源、4D74LS75 触发器、3 输入端 3 与门 74LS11、2 输入端四与门 74LS08、1 kΩ 电阻 4 个、270 Ω 电阻 3 个、二脚微动按键开关 5 个、万用表、面包板和杜邦线（公对公）若干。

2. 操作流程

（1）分析没有人按下抢答按钮时，3 个 D 触发器、2 个与门输入和输出情况，并检测各输入和输出端电位。

（2）分析其中一人抢先按下抢答按钮后，3 个 D 触发器、2 个与门输入和输出情况以及相应的指示灯亮情况，并检测各输入和输出端电位。

（3）分析有人抢先按下按钮后，3 个 D 触发器、或非门和与门输出情况，并检测各输入和输出端电位。

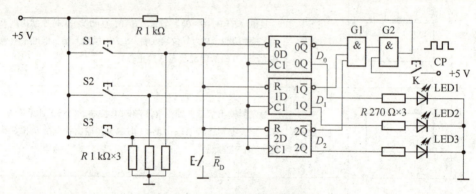

图 4-3-13　三人抢答器原理电路

3. 操作提示

（1）没有人按下按钮时，三个输入端通过电阻 R 接地，输入为低电平 0，三个 D 触发器输出端 Q 均为低电平 0，反向输出端 $\overline{Q}$ 均为高电平 1，与三个输出端连接的 LED 指示灯都不亮。同时 D 触发器三个反向输出端 $\overline{Q}$ 经与门 G1 输出高电平 1，与门 G2 打开，时钟脉冲 CP 可以通过，给三个 D 触发器提供正常时钟信号，控制 D 触发器翻转。

（2）如果其中一人抢先按下按钮后，输入端接电源，输入为高电平 1，对应的 D 触发器在时钟脉冲前沿触发下发生翻转输出高电平 1，对应的 LED 灯被点亮，同时反向输出端 $\overline{Q}$ 输出低电平 0，经与门 G1 输出低电平 0 将与门 G2 关闭，时钟脉冲信号 CP 无法通过，其他按钮再按下时，相应的 D 触发器因无触发信号仍然保持低电平，相应的指示灯也不会被点亮。

（3）时钟脉冲信号通过按模拟时钟开关来产生。

（4）$\overline{R_D}$ 为清零端，低电平有效。按下清零按钮 $\overline{R_D}$ 接地，使三个 D 触发器输出端 Q 均为低电平 0。赛前先清零。

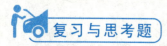 复习与思考题

（1）同步 RS 触发器的脉冲触发方式为（　　）。

A. 信号触发　　　　　　B. 电平触发　　　　　　C. 边沿触发

（2）同步 JK 触发器存在（　　）现象。
A. 空翻　　　　　　　　B. 一次变化　　　　　C. 混乱禁止
（3）D 触发器输出状态与（　　）相同。
A. D 状态　　　　　　　B. 时钟 CP 状态　　　　C. 源来状态
（4）请叙述 D 触发器是如何实现寄存（记忆）功能的。

知识技能拓展

四人抢答器电路制作演示。

在面包板上制作如图 4-3-14 所示四人抢答器电路。四人抢答器电路是由四个 D 触发器构成，D_0、D_1、D_2、D_3 为输入端，Q_0、Q_1、Q_2、Q_3 为输出端。四人参加比赛，每人一个按钮，其中一人抢先按下按钮后，相应的 LED 指示灯亮，其他按钮再按下时不起作用。

根据检测任务，需准备 +5 V 直流电源，74LS175 是 D 触发器，四输入端双或非门 74LS25，二输入端四与门 74LS08，NE555 定时器（产生脉冲信号 CP），1 kΩ 电阻 5 个，270 Ω 电阻 4 个，4 kΩ、40 kΩ、50 Ω 电阻各 1 个，0.1 μF、0.01 μF 电容，二脚微动按键开关 5 个，万用表、面包板和杜邦线（公对公）若干。

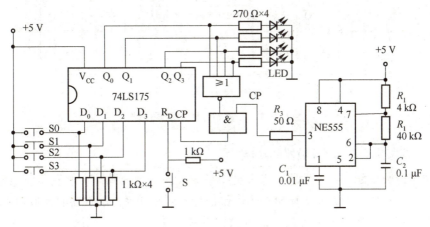

图 4-3-14　四人抢答器电路

任务 4.4　电池充电电路的检测

大国工匠　案例十六

在电池充电电路分析检查时，应对电池充电电路进行检测。因此，需了解电池充电电路的相关理论知识和分析检测方法。

相关理论知识

4.4.1 计数器

计数器是用来累计并寄存输入脉冲 CP 个数的电路。计数器按计数进制可分为二进制计数器和非二进制计数器。非二进制计数器中最典型的是十进制计数器;按数字的增减趋势可分为加法计数器、减法计数器和可逆计数器;按计数器中触发器翻转是否与计数脉冲同步分为同步计数器和异步计数器。下面主要通过四位二进制异步加法计数器来说明其工作特点。

1. 四位二进制异步加法计数器的组成

图 4-4-1 所示为由 4 个下降沿触发的 T'(即 $J=K=1$)触发器组成的 4 位异步二进制加法计数器的逻辑图。对于 T' 触发器,当 $T'=1$ 时,每来一个 CP 脉冲触发器就翻转一次。最低位触发器 F0 的时钟脉冲输入端接计数脉冲 CP,其他触发器的时钟脉冲输入端接相邻低位触发器的 Q 端,即触发器 F0 用时钟脉冲 CP 触发,F1 用 Q_0 触发,F2 用 Q_1 触发,F3 用 Q_2 触发;T' 触发器输入端恒为高电平"1";计数器计数状态下清零端应悬空为"1"。

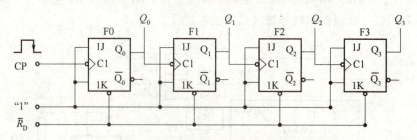

图 4-4-1 二进制计数器逻辑电路

2. 四位二进制异步加法计数器的功能

为了实现计数功能,各触发器应当满足:每输入一个计数脉冲,触发器应当翻转一次;当低位触发器由 0 变为 1 时,应输出一个借位信号加到相邻高位触发器的计数输入端。

因为二进制只有 0 和 1 两个数码,所谓二进制加法就是"逢二进一",即 $0+1=1$,$1+1=10$。也就是每当本为是 1,再加 1 时,本为 2 就变为 0,而向高位进一位的二进制数。

计数器计数前都要清零,让四位触发器均处于"0"态时开始计数。由 JK 触发器逻辑功能可知,各位触发器每来一次计数脉冲状态都要翻转一次。如图 4-4-2 所示,无论是状态转换逻辑功能表还是时序波形图,都反映了该计数器是从状态 0000 开始计数,每来一个计数(CP)脉冲,二进制数值便加 1,输入第 16 个计数脉冲时计满归零。作为整体,该电路可称为模 16 加法计数器或十六进制加法计数器。异步计数器总是用低位输出推动相邻高位触发器,因此 4 个触发器的状态只能依次翻转,不能同步。

另外,从时序图可以看出,Q_0、Q_1、Q_2、Q_3 的周期分别是计数脉冲(CP)周期的 2 倍、4 倍、8 倍、16 倍,也就是说,Q_0、Q_1、Q_2、Q_3 分别对 CP 波形进行了二分频、四分频、八分频、十六分频,因而计数器也可作为分频器。

异步二进制计数器结构简单,改变级联触发器的个数,可以很方便地改变二进制计数器的位数,n 个触发器构成 n 位二进制计数器或模 2^n 计数器,或 2^n 分频器。

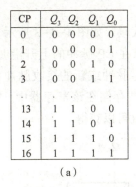
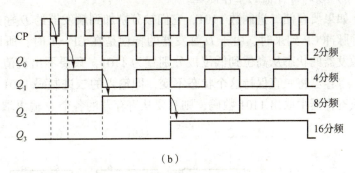

(a)　　　　　　　　　　　　　　　　(b)

图 4-4-2　二进制异步加法计数器逻辑功能表与波形图

(a) 逻辑功能表；(b) 波形图

4.4.2　寄存器

寄存器是中央处理器内的组成部分。寄存器是有限存储容量的高速存储部件，它们可用来暂存指令、数据和地址。在中央处理器的控制部件中，包含的寄存器有指令寄存器（IR）和程序计数器（PC）。在中央处理器的算术及逻辑部件中，寄存器有累加器（ACC）。

在数字电路系统工作过程中，把正在处理的二进制数据或代码暂时存储起来的操作叫作寄存，实现寄存功能的电路称为寄存器。寄存器是一种最基本的时序逻辑电路，在各种数字电路系统中几乎是无所不在，使用非常广泛。单独一位触发器可存储 1 个二进制代码，要想存储多个二进制代码时，就得用多个触发器。常用的集成电路寄存器按能够寄存数据的位数来命名，如 4 位寄存器、8 位寄存器、16 位寄存器等。寄存器按它具备的功能可分为两大类：数码寄存器和移位寄存器。数码寄存器只能并行送入数据；移位寄存器中的数据可以在移位脉冲作用下依次逐位右移或左移，数据可以并行、串行输入输出，应用十分灵活。

1. 数码寄存器

1) 数码寄存器的组成

数码寄存器是由触发器组成的，一个触发器就是一个寄存器，它可以存储一位二进制数码。需要存储四位二进制数码时，只要把四个触发器并联起来，就可以组成一个四位二进制寄存器，它能接收和存储四位二进制数码。如图 4-4-3 所示，四位寄存器是由 4 个 D 触发器构成的基本寄存器逻辑电路，每个触发器的 CP 端并联起来作为控制端。需要存储的数码加到触发器的 D 输入端。四个触发器的 CP 端接在一起，成为寄存器的控制端，需要存储的数码加到触发器的 D 输入端。

2) 数码寄存器的特点

根据 D 触发器的性质，上述的寄存器有以下基本特点。

(1) 当 CP = 0 时，触发器保持原状态不变，即 $Q_{n+1} = Q_n$；

(2) 当 CP = 1 时，触发器的状态为 D 输入端的状态，即 $Q_{n+1} = D$。

由此可见，D 触发器只在 CP = 1 时，才会接收和存储数码。另外，由于 4 个触发器的 R_D 端也并联在一起，因此，如果在往 R_D 端加上负脉冲，就可将全部触发器均置为 0 态，通常将这一过程称为清零，也叫置 0 端。

3) 数码寄存器的工作原理

如果要存储二进制数 1101，它们被分别加到触发器的 D 输入端，如图 4-4-3 所示。当时钟脉冲 CP 到来时，由于 D 触发器的特性是在 CP＝1 时，所以在 CP 脉冲的上升沿时，4 个触发器的状态从高位到低位被分别置为 1101，只要不出现清零脉冲或新的接收脉冲和数码，寄存器将一直保持这个状态不变，即输入的二进制码 1101 被存储在该寄存器中。如果想从寄存器中取出 1101 数码，则只要从寄存器的各个 Q 输出端就可以获得。

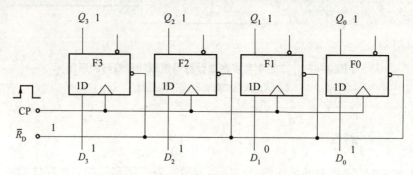

图 4-4-3 四位二进制数码寄存器

2. 移位寄存器

在存数操作之前，先将各个触发器清零。当出现第 1 个移位脉冲 CP 时，待存数码的最高位和 4 个触发器的数码同时右移 1 位，即待存数码的最低位存入 Q_0，而寄存器原来所存数码的最高位从 Q_3 输出；出现第 2 个移位脉冲时，待存数码的次低位和寄存器中的 4 位数码又同时右移 1 位。以此类推，在 4 个移位脉冲作用下，寄存器中的 4 位数码同时右移 4 次，待存的 4 位数码便可存入寄存器。图 4-4-4 所示为四位二进制移位寄存器。

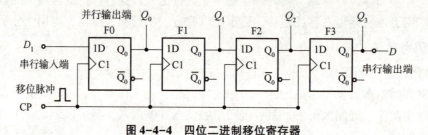

图 4-4-4 四位二进制移位寄存器

4.4.3 模拟量与数字量转换

数/模与模/数转换器是计算机与外部设备的重要接口，也是数字测量和数字控制系统的重要部件。

数/模转换器中的文字 D 代表数字量，A 代表模拟量，转换器用 C 表示。目前常见的 D/A 转换器中，有权电阻网络 D/A 转换器、倒梯形电阻网络 D/A 转换器等。能将数字量转换成模拟量的装置称为数/模转换器，简称 D/A 转换器或 DAC；能将模拟量转换为数字量的装置称为模/数转换器，简称 A/D 转换器或 ADC。ADC 和 DAC 是沟通模拟电路和数字电路的桥梁，也可称之为两者之间的接口。

1. 数模转换器 D/A

1) D/A 转换器的基本原理

数字量是用代码按数位组合起来表示的，对于有权码，每位代码都有一定的权。为了将数字量转换成模拟量，必须将每一位二进制代码按其权的大小转换成相应的模拟量，然后将这些模拟量相加，即可得到与数字量成正比的总模拟量，从而实现了数字/模拟转换。在转换过程中，将输入的二进制数信号转换成模拟信号，以电压或电流的形式输出。

图 4-4-5（a）所示为三位二进制 D/A 转换器的输入、输出关系框图，d_2、d_1、d_0 是输入的三位二进制数字量代码，V_o 是与输入二进制数成比例的输出电压。图 4-4-5（b）所示为一个输入为 3 位二进制数时 D/A 转换器的转换特性，它具体而形象地反映了 D/A 转换器的基本功能。

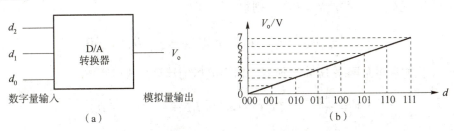

图 4-4-5 三位二进制 D/A 转换器

(a) 输入/输出关系框图；(b) 转换器的转换特性

2) 权电阻网络 D/A 转换器

在任务 4.2 的学习当中，我们已经讲过一个多位二进制数中每一位的 1 所代表的数值大小称为这一位的权。如果输入的数字量是由四位 8421BCD 码（0101）表示的数字信号 D 时，其从高位到最低位的权依次为 2^3、2^2、2^1、2^0，其大小可表示为

$$D = 0 \times 2^3 + 1 \times 2^2 + 0 \times 2^1 + 1 \times 2^0 = 5$$

图 4-4-6 所示为四位权电阻网络 D/A 转换器电路，它由权电阻网络、4 个模拟开关和 1 个求和放大器组成。

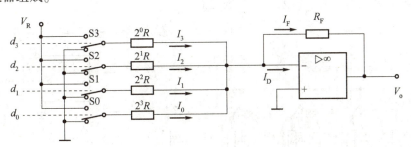

图 4-4-6 四位权电阻网络 D/A 转换器电路

（1）权电阻 R。从最低位到最高位，每一个位置上的电阻都是相邻高位电阻值的 2 倍。

（2）S3、S2、S1 和 S0 是 4 个电子开关，它们的状态分别受输入代码 d_3、d_2、d_1、d_0 的取值的控制。代码为 1 时，开关上有参考电压 V_R；代码为 0 时，开关接地。故 $d_i = 1$ 时，有支路电流 I_i 流向放大器；$d_i = 0$ 时，支路电流为零。

（3）求和放大器是一个接成负反馈的运算放大器。它的开环放大倍数为无穷大，输入电流为零（输入电阻为无穷大），输出电阻为零，当同相输入端V_+的电位高于反相输入端V_-的电位时，输出端对地的电压V_o为正；当V_-高于V_+时，V_o为负。当参考电压经电阻网络加到V_-时，只要V_-稍高于V_+，便在V_o产生负的输出电压。V_o经R_F反馈到V_-端使V_-降低，其结果必然使$V_+ = V_- = 0$。

根据"虚断"运算放大器输入电流为零$i_D = 0$，可以得

$$i_F = I_3 + I_2 + I_1 + I_0$$
$$V_o = -R_F i_F = -R_F (I_3 + I_2 + I_1 + I_0) \tag{1}$$

根据"虚短"$V_- = V_+ = 0$，各支路电流分别为

$$I_3 = \frac{V_R}{R}d_3, I_2 = \frac{V_R}{R}d_2, I_1 = \frac{V_R}{R}d_1, I_0 = \frac{V_R}{R}d_0$$

将它们代入式（1）并取$R_F = R/2$，则得

$$V_o = -\frac{V_R}{2^4}(d_3 2^3 + d_2 2^3 + d_1 2^3 + d_0 2^3) = -\frac{V_R R_F}{2^n R}D_3 = -\frac{V_R}{2^n}D_3$$

对于N位的权电阻网络D/A转换器，输出电压的计算公式可写成

$$V_o = -\frac{V_R}{2^4}(d_{n+1} 2^{n-1} + \cdots + d_2 2^3 + d_1 2^3 + d_0 2^3) = -\frac{V_R}{2^n}D_n$$

上式表明，输出的模拟电压V_o正比于输入的数字量D_n，从而实现了从数字量到模拟量的转换。

3）倒T形电阻网络D/A转换器

为了克服权电阻网络D/A转换器中电阻阻值相差太大的问题，又设计了称为倒T形电阻网络的D/A转换器。在单片集成D/A转换器中，使用最多的是倒T形电阻网络D/A转换器。

四位倒T形电阻网络D/A转换器的电路如图4-4-7所示。倒T形电阻网络的电阻均为R和$2R$，与权电阻网络不同，R-$2R$电阻解码网络呈倒T形。

无论模拟开关Si处于何种位置，与Si相连的$2R$电阻均等效接"地"（地或虚地）。这样流经$2R$电阻的电流与开关位置无关，为确定值。

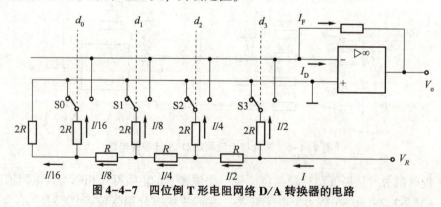

图4-4-7 四位倒T形电阻网络D/A转换器的电路

我们仍然以四位二进制代码为例来说明倒T形电阻网络D/A转换器转换原理。

计算倒T形电阻网络中各支路的电流，分析R-$2R$电阻解码网络不难发现，从每个节点向左看的二端网络等效电阻均为R，流入每个$2R$电阻的电流从高位到低位按2的整倍数递

减。设由基准电压源提供的总电流为 I（$I=V_R/R$），则流过各开关支路（从右到左）的电流分别为 $I/2$、$I/4$、$I/8$ 和 $I/16$。

于是可得总电流

$$I_F = \frac{V_R}{R}(d_0/2^4 + d_1/2^3 + d_2/2^2 + d_3/2^1) = \frac{V_R}{2^4 R}D_3$$

输出电压

$$V_o = \frac{R_F}{R} \cdot \frac{V_R}{2^4}D_3$$

将输入数字量扩展到 N 位，可得 N 位数字量 D_n 倒 T 形电阻网络 D/A 转换器输出模拟量与输入数字量之间的一般关系式

$$V_o = \frac{R_F}{R} \cdot \frac{V_R}{2^4}D_n$$

由于在倒 T 形电阻网络 D/A 转换器中，各支路电流直接流入运算放大器的输入端，它们之间不存在传输上的时间差。电路的这一特点不仅提高了转换速度，而且也减少了动态过程中输出端可能出现的尖脉冲。

2. 模/数转换器 A/D

在 A/D 转换器中，因为输入的模拟信号在时间上是连续量，而输出的数字信号代码是离散量，所以进行转换时必须在一系列选定的瞬间（亦即时间坐标轴上的一些规定点上）对输入的模拟信号取样，然后再把这些取样值转换为输出的数字量。因此，一般的 A/D 转换过程是通过取样、保持、量化和编码这四个步骤完成的，即首先对输入的模拟电压信号取样，取样结束后进入保持时间，在这段时间内将取样的电压量化为数字量，并按一定的编码形式给出转换结果，然后开始下一次取样。

在实际电路中，这些过程有的通常是合并进行的，例如，取样保持、量化编码往往都是在转换过程中同时实现的。图 4-4-8 所示为模/数转换器 A/D 转换过程框图。

1) 取样和保持

取样是将时间上、幅值上都连续变化的模拟信号，通过取样脉冲 CP 的作用，转换成时间上离散、但幅值上仍连续的信号。因此采样又称为波形的离散化过程。

（1）当取样控制信号 CP = 1 为高电平时，MOS 管 Q 导通，输入信号 V_i 经电阻 R_i 和 Q 向电容 C 充电，则充电结束后 $V_o = V_C$，取样信号在电容 C 中暂存。

（2）当取样控制信号 CP = 0 为低电平时，Q 截止。前面采样得到的电压信号在电容 C 上保持，直到下一个 CP = 1 信号到来，再对新的电压信号进行采样。

这样，通过取样、保持电路就将输入连续的模拟量 V_i 转变成离散量 V_o 输出。

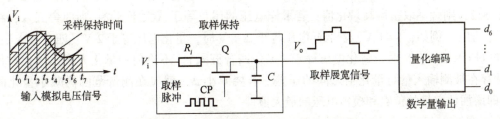

图 4-4-8　模/数转换器 A/D 转换过程框图

2）量化和编码

量化：数字信号不仅在时间上是离散的，而且数值大小的变化也是不连续的。即任何一个数字量的大小只能是某个规定的最小数量单位的整数倍。因此，在进行 A/D 转换时也必须把采样电压化为这个最小数量单位的整数倍，这一转化过程就称为"量化"。

所规定的最小数量单位叫作量化单位，用 Δ 表示。显然，数字信号最低有效位中的 1 表示的数量大小，就等于 Δ。把量化的数值用二进制代码表示，称为编码。这个二进制代码就是 A/D 转换的输出信号。

编码：将量化后的信号用对应量化电平的一组二进制代码来表示的过程称为编码。两个量化电压之间的差值称为量化间隔 S，量化电压的位数越多，量化等级越细，S 的数值就越小。显然，量化编码电路的作用是先将幅值连续可变的采样信号量化成幅值有限的离散信号，再将量化后的信号用对应该量化电平的一组二进制代码表示。

既然模拟电压是连续的，那么它就不一定能被 Δ 整除，因而不可避免地会引入误差，我们把这种误差称为量化误差。在把模拟信号划分为不同的量化等级时，用不同的划分方法可以得到不同的量化误差。

如图 4-4-9（a）所示，假定需要把 0～+1 V 的模拟电压信号转换成 3 位二进制代码，这时便可以取 $\Delta=(1/8)\text{V}$，并规定凡数值在 0～1/8 V 的模拟电压都当作 $0\times\Delta$ 看待，用二进制的 000 表示；凡数值在 1/8～2/8 V 的模拟电压都当作 $1\times\Delta$ 看待，用二进制的 001 表示，等等。不难看出，最大的量化误差可达 Δ，即 1/8 V。

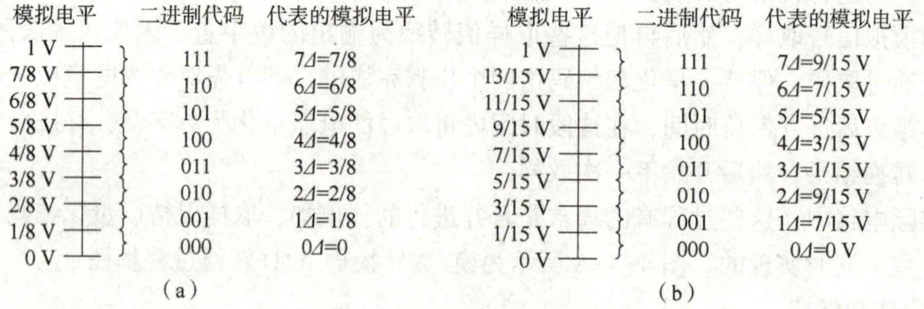

模拟电平	二进制代码	代表的模拟电平	模拟电平	二进制代码	代表的模拟电平
1 V			1 V		
7/8 V	111	$7\Delta=7/8$	13/15 V	111	$7\Delta=9/15$ V
6/8 V	110	$6\Delta=6/8$	11/15 V	110	$6\Delta=7/15$ V
5/8 V	101	$5\Delta=5/8$	9/15 V	101	$5\Delta=5/15$ V
4/8 V	100	$4\Delta=4/8$	7/15 V	100	$4\Delta=3/15$ V
3/8 V	011	$3\Delta=3/8$	5/15 V	011	$3\Delta=1/15$ V
2/8 V	010	$2\Delta=2/8$	3/15 V	010	$2\Delta=9/15$ V
1/8 V	001	$1\Delta=1/8$	1/15 V	001	$1\Delta=7/15$ V
0 V	000	$0\Delta=0$	0 V	000	$0\Delta=0$ V
（a）			（b）		

图 4-4-9　量化划分方法

（a）量化单位 $\Delta=(1/8)\text{V}$；（b）量化单位 $\Delta=(2/15)\text{V}$

为了减少量化误差，通常采用图 4-4-9（b）所示的划分方法，取量化单位 $\Delta=2/15$ V，并将 000 代码所对应的模拟电压规定为 0～1/15 V，即 0～$\Delta/2$。这时，最大量化误差将减少为 $\Delta/2=1/15$ V。这个道理不难理解，因为现在把每个二进制代码所代表的模拟电压值规定为它所对应的模拟电压范围的中点，所以最大的量化误差自然就缩小为 $\Delta/2$ 了。

对采样值量化的方法通常采用四舍五入法。当最小量化间隔为 S 时，若采样电压的尾数不足 $S/2$，则舍尾取整得其量化值；若采样电压的尾数等于或大于 $S/2$，则四舍五入，在原整数上加 1。例如，$S=1$ V，若取样电压等于 2.1 V 时，量化电压等于 2 V（四舍五入）；若采样电压等于 2.5 V 时，量化电压等于 3 V（四舍五入）。不论何种量化方式，量化过程中必然存在被测输入量与量化值之间的误差。若要减小 Δ，就应在测量范围内减小量化间隔 S，即增加数字量的位数和模拟电压的最大值。

4.4.4 NE555 定时器

555 集成电路人们习惯称之为时基电路。它是一种将模拟功能与逻辑功能巧妙结合在同一硅片上的组合集成电路，常被用于定时器、脉冲发生器和振荡电路。

555 定时器于 1971 年由西格尼蒂克公司推出，由于其易用性、低廉的价格和良好的可靠性，直至今日仍被广泛应用于电子电路的设计中。许多厂家都生产 555 芯片，包括采用双极型晶体管的传统型号和采用 CMOS 设计的版本。555 定时器年产量超过 10 亿枚。

1. NE555 定时器电路组成及其功能

如图 4-4-10 所示，555 内部有两个电压比较器 A1 和 A2、一个 RS 触发器、一个反相驱动器和一个放电晶体管。两个集成运放构成的电压比较器 A1 的反相端和 A2 的同相端分别与基准（阈值）电压（被 3 个 5 kΩ 电阻设定）$2/3\,V_{DD}$ 和 $1/3\,V_{DD}$ 相接，当比较器 A1 同相输入端（高电平触发端 6 脚）电压高于反相输入端（阈值电压 $2/3\,V_{DD}$ 5 脚）电压时，RS 触发器才翻转；当比较器 A2 反相输入端（低电平触发端 2 脚）电压低于同相输入端（阈值电压 $1/3\,V_{DD}$ 2 脚）时，RS 触发器便开始翻转。3 个 5 kΩ 电阻串联起来构成分压器，555 定时器名称也由此而得。

2. 2555 定时器的工作原理

如图 4-4-10 所示，555 定时器的功能主要由两个比较器决定。两个比较器的输出电压控制 RS 触发器和放电管的状态。在电源与地之间加上电压，当 5 脚悬空时，则电压比较器 A1 的同相输入端的电压为 $2/3\,V_{CC}$，A2 的反相输入端的电压为 $1/3\,V_{CC}$。

若触发低输入端 $\overline{TR}$ 的电压小于 $V_{CC}/3$，则比较器 A2 的输出为 0，可使 RS 触发器置 1，输出为高电平 1，即 OUT=1；如果触发高输入端 TH 的电压大于 $2/3\,V_{CC}$，同时低输入端 $\overline{TR}$ 的电压大于 $1/3\,V_{CC}$，则 A1 的输出为 0，A2 的输出为 1，可将 RS 触发器置 0，输出为低电平 0，即 OUT=0。

（1）当高触发端 TH 输入电压由小往大变化等于阈值电压 $2/3\,V_{CC}$ 时，A1 比较器输出为 1，送给 RS 触发器一个置 0 信号，输出 Q=0（OUT=0），在大于 $2/3\,V_{CC}$ 时保持"1"态；

（2）当低触发端输入电压由大往小变化等于阈值电压 $1/3\,V_{CC}$ 时，A2 比较器输出为 1，送给 RS 触发器一个置 1 信号，输出 Q=1（OUT=1），在小于 $1/3\,V_{CC}$ 时保持这个"1"态。

（3）当低触发端输入电压大于阈值电压及高触发端小于阈值电压时，两个比较器输出均为 0，电路保持原态不变。

3. NE555 定时器芯片引脚排列与功能

图 4-4-11（a）所示为 NE555 定时器芯片实物图；图 4-4-11（b）所示为 NE555 定时器集成芯片引脚排列，芯片共有 8 引脚。

1 脚是接地端 GND（或副电源端）；2 脚是低电平触发端 $\overline{TR}$，当此引脚电压降至 $1/3\,V_{CC}$（或由控制端决定的阈值电压）时输出端给出高电平；3 脚是电路输出端 OUT，输出高电平（V_{CC} 或低电平 0）；4 脚是复位清零端 $\overline{R}$：正常工作时为高电平，当此引脚接地时芯片复位，输出低电平；5 脚 CO 是电压控制端：用来改变比较器的基准电压，不用时需经 0.01 μF 电容接地控制芯片的阈值电压（当此管脚空时默认两阈值电压为 $1/3\,V_{CC}$ 与 $2/3\,V_{CC}$）；6 脚是高

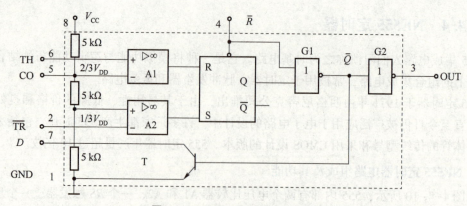

图 4-4-10　555 定时器电路结构

电平触发输入端 TH：当此引脚电压升至 2/3 V_{CC}（或由控制端决定的阈值电压）时输出端给出低电平；7 脚是放电端 D：外接电容器，当三极管 Q 导通时，电容器放电；8 脚是正电源端 V_{CC}。

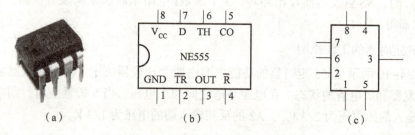

图 4-4-11　NE555 定时器集成芯片

(a) 实物图；(b) 管脚排列；(c) 电路符号

NE555 定时器的输出端电流可以达到 200 mA，因此可以直接驱动与此电流数值相当的负载，如继电器、扬声器、发光二极管。NE555 定时器电路符号如图 4-4-11（c）所示。

4. 用 NE555 定时器构成施密特触发器

555 定时器可构成施密特触发器，施密特触发器属于波形变换电路，可将正弦波、三角波、锯齿波变换为脉冲矩形波。

施密特触发器也有两个稳定状态，但与一般触发器不同的是，施密特触发器采用电位触发方式，其状态由输入信号电位维持；对于负向递减和正向递增两种不同变化方向的输入信号，施密特触发器有不同的阈值电压。

施密特触发器是一种阈值开关电路。门电路有一个阈值电压，当输入电压从低电平上升到阈值电压或从高电平下降到阈值电压时电路的状态将发生变化。施密特触发器是一种特殊的门电路，与普通的门电路不同，施密特触发器有两个阈值电压，分别称为正向阈值电压和负向阈值电压。在输入信号从低电平上升到高电平的过程中使电路状态发生变化的输入电压称为正向阈值电压，在输入信号从高电平下降到低电平的过程中使电路状态发生变化的输入电压称为负向阈值电压。

如图 4-4-12 所示，施密特触发器是双稳态电路。

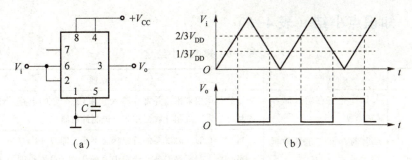

图 4-4-12 NE555 定时器构成的施密特触发器
（a）触发器电路；（b）波形图

（1）当输入电压 V_i 由低向高增加，到达 $2/3\ V_{CC}$ 时，输出电压发生突变，由高电平变为低电平。

（2）当输入电压 V_i 由高变低，到达 $1/3\ V_{CC}$ 时，输出电压发生突变，低电平变为高电平。

（3）当输入电压 V_i 大于或小于电路阈值电压时，输出均会维持在一个恒定电压值。施密特触发器可以把缓慢变化的输入波形变换成边沿陡峭的矩形波输出。

施密特触发器利用其输入信号达到某一特定的阈值时，输出电平会发生跃变的特点，可对电路中输入的电信号进行波形整形、幅度鉴别及波形变换等。

5. 用 NE555 定时器构成多谐振荡器

多谐振荡器是无稳态电路，两个暂稳态不断地交替。图 4-4-13（a）所示为用 NE555 构成的多谐振荡器。R_1、R_2 和 C 是外接定时元件，电路中将高电平触发端（6 脚）和低电平触发端（2 脚）并接后接到 R_2 和 C 的连接处，将放电端（7 脚）接到 R_1、R_2 的连接处。利用放电三极管 Q 作为一个受控电子开关，使电容 C 充电、放电而改变电容电压 U_C 上升或下降。

由于接通电源瞬间，电容 C 来不及充电，电容器两端电压为低电平，小于 $1/3V_{CC}$，故高电平触发端与低电平触发端均为低电平，输出为高电平，放电管 Q 截止。这时，电源经 R_1、R_2 对电容 C 充电，使电压按指数规律上升，当上升到 $2/3\ V_{CC}$ 时，输出为低电平，放电管 Q 导通，把从 $1/3\ V_{CC}$ 上升到 $2/3\ V_{CC}$，由于放电管 Q 导通，电容 C 通过电阻 R_2 和放电管放电，电路进入第二暂稳态，其维持时间的长短与电容的放电时间有关，随着 C 的放电，电压下降，当下降到 $1/3\ V_{CC}$ 时，输出为高电平，放电管 Q 截止，V_{CC} 再次对电容 C 充电，电路又翻转到第一暂稳态。

这样，电容 C 上的电压将在 $2/3\ V_{CC}$ 和 $1/3\ V_{CC}$ 之间来回放电和充电，从而使电路产生了振荡，输出矩形脉冲。多谐振荡器输入、输出波形如图 4-4-13（b）所示。

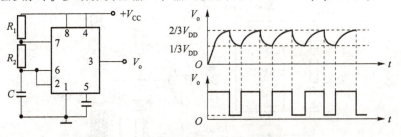

图 4-4-13 555 定时器构成的多谐振荡器
（a）振荡器电路；（b）波形图

4.4.5 知识点小结（表4-6）

表4-6 知识点小结

电子器件	功能	原理
计数器	累计并寄存输入脉冲CP个数	计数器是用来累计并寄存输入脉冲CP个数的电路。计数器按计数进制可分为二进制计数器和非二进制计数器
寄存器	暂时存储二进制数据或代码	当CP=0时，触发器保持原状态不变，即$Q_n+1=Q_n$； 当CP=1时，触发器的状态为D输入端的状态，即$Q_n+1=D$
数/模转换器D/A	将数字信号转变为模拟信号	通过将每1位二进制代码按权的大小转换成相应的模拟量，然后将这些模拟量相加，即可得到与数字量成正比的总模拟量
模/数转换器A/D	将模拟信号转变为数字信号	通过取样、保持、量化和编码这四个步骤将模拟信号电压转换成数字量代码
NE555定时器	构成定时器、脉冲发生器和振荡电路	通过输入电压与两个阈值电压的比较，实现单稳态、双稳态触发和无稳态振荡

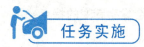

任务实施

1. 准备工作

根据如图4-4-14所示电池充电电路准备：12 V 直流电源，NE555定时器，2 kΩ、10 kΩ、82 kΩ、51 kΩ、100 Ω、680 Ω电阻，0.1 μF、0.01 μF、47 μF电容，二极管3个，9 V稳压管，正常亏电9 V充电电池，万用表、面包板和杜邦线（公对公）若干。

2. 操作流程

（1）检测电路元件性能。

（2）在面包板上连接如图4-4-14所示的充电电路。

（3）接通电源，观察指示灯LED1、LED2、LED3点亮情况，并检测a、b、c、d四个点的电位；

（4）当电池充满电时，观察指示灯LED1、LED2、LED3点亮情况，并检测a、b、c、d四个点的电位；

（5）分析出现上述情况的原因。

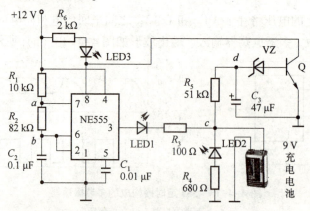

图4-4-14 电池充电电路

3. 操作提示

（1）LED3为电源供电指示灯，电源通过 2 kΩ 电阻给 NE555 芯片供电。

（2）LED1为充电指示灯，正常充电时指示灯点亮。

（3）LED2为充电结束指示灯，当电池充满电时指示灯点亮。

复习与思考题

（1）四位二进制异步加法计数器是由4个下降沿触发（　　）组成。

A. T' 触发器　　　　B. D 触发器　　　　C. JK 触发器

（2）寄存器是中央处理器内的组成部分。寄存器是有限存储容量的高速存储部件，它们可用来（　　）指令、数据和地址。

A. 暂时存储　　　　B. 暂永久存储　　　　C. 长时间存器

（3）一般的 A/D 转换过程是通过（　　）、保持、（　　）和编码这四个步骤。（　　）

A. 取样　量化　　　　B. 放大　取样　　　　C. 取样　译码

（4）555 定时器电路由哪几部分组成？各部分的作用是什么？

知识技能拓展

微型计算机简介

微型计算机是电子控制系统的神经中枢。它能根据需要，对各种传感器送来的信号和数据进行运算处理，并把处理结果送往输出回路驱动执行器和显示器。如图 4-4-15 所示，汽车计算机控制系统主要由中央处理器（CPU）、存储器和输入、输出接口（I/O）、电源和时钟等部分组成。

1. 中央处理器（CPU）

中央处理器常叫 CPU，它是整个控制系统的核心，是计算机的大脑。CPU 主要由进行算术、逻辑运算的运算器，暂时存储数据的寄存器，按照程序执行各装置之间信号传送及控制任务的控制器等构成。

2. 存储器

存储器的主要功能是存储信息资料。存储器一般分为两种：能读出也能写入的存储器叫随机存储器，简称 RAM；只能读出的存储器叫只读存储器，简称 ROM。

3. 输入与输出接口（I/O）

输入与输出接口是 CPU 与输入装置（传感器）、输出装置（执行器）间进行信息交流的控制电路。输入、输出装置一般都通过 I/O 接口才能与微机连接，因此，I/O 接口是微机与外界进行信息交换的纽带。输入/输出接口是微机系统不可缺少的部分，起着数据缓冲、电平匹配、时序匹配等多种功能。

4. 总线

总线是用来传递信息的内部连线。在微机系统中，中央处理器、存储器与输入、输出接口通过传递信息的总线连接起来，它们之间的信息交换均要通过总线进行。总线按传递信息的类别可分为数据总线、地址总线与控制总线三种，如图4-4-15所示。

（1）数据总线：主要用于传递数据和指令。

（2）地址总线：用于传递地址码。在微机总线上，各器件之间的通信主要是靠地址码准确地进行联系。例如，需要对存储器内某单元进行存储或读出数据时，必须先将该单元的地址码送到地址总线上，然后再送出写入或读出的指令，才能完成操作。

（3）控制总线：CPU可以通过它随时掌握各器件的状态，并根据需要随时向有关器件发出控制指令。

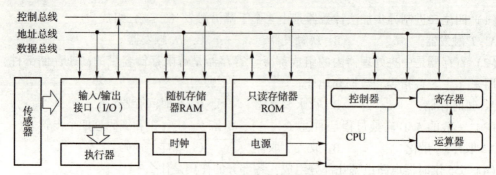

图4-4-15　汽车计算机控制系统

5. 电源

为计算机提供正常工作所需的12 V或5 V稳压电源。

6. 时钟电路

每个单片机系统里都有晶振，全称叫晶体振荡器。在单片机系统中晶振的作用非常大，它结合单片机内部的电路，产生单片机所必需的时钟频率，单片机一切指令的执行都是建立在这个基础上的，晶振提供的时钟频率越高，单片机的运行速度也就越快。

由上可知，微机主要由中央处理器、存储器、输入/输出接口等组成。目前的微机多把CPU、一定容量的RAM和ROM以及I/O接口集成在一个芯片上，即所谓的单片机。

参考文献

[1] 侯丽春. 汽车电工电子技术［M］. 北京：机械工业出版社，2016.

[2] 杜德昌，戴秀良. 电工电子技术及应用技能训练［M］. 北京：高等教育出版社，2017.

[3] 华成英. 电子技术视频教程［CD］. 北京：中央广播电视大学出版社，2000.

[4] 曹才开，熊幸明. 电工电子技术［M］. 北京：机械工业出版社，2015.

[5] 陈新龙，胡国庆. 电工电子技术基础教程［M］. 北京：清华大学出版社，2012.